新型农业经营主体
经营与管理研究

康建林　著

中国原子能出版社

图书在版编目（CIP）数据

新型农业经营主体经营与管理研究 / 康建林著.

北京：中国原子能出版社，2024. 7. -- ISBN 978-7

-5221-3534-2

Ⅰ. F324

中国国家版本馆 CIP 数据核字第 2024VY1796 号

新型农业经营主体经营与管理研究

出版发行	中国原子能出版社（北京市海淀区阜成路 43 号　100048）
责任编辑	杨　青
责任印制	赵　明
印　　刷	北京金港印刷有限公司
经　　销	全国新华书店
开　　本	787 mm×1092 mm　1/16
印　　张	12.75
字　　数	189 千字
版　　次	2024 年 7 月第 1 版　2024 年 7 月第 1 次印刷
书　　号	ISBN 978-7-5221-3534-2　　　　定　价　**72.00 元**

发行电话：010-68452845　　　　　　　　版权所有　侵权必究

前　言

　　新型农业经营主体是在小农户基础上发展起来的，是伴随农村新生产模式出现的，代表着农业的新生产力，是活跃农村经济的重要力量。推动多元化的适度规模化经营，塑造新型农业经营者，是提升农民收益、增强农业竞争力的有效手段，也是现代农业发展的前进路径和必然选择。然而，我们也需要认识到，中国人口众多，各地的农业资源条件存在差距，许多丘陵山区的土地分布较为零散，无法在短期内完全实现规模化运营，在生产方式上，依然以小农户的分散经营为主。面对这些问题，农业领域需不断改革，坚持以小农户家庭经营为基础与以多种形式适度规模经营为引领的协调发展，推进现代农业发展。国家应加强对家庭农场、农民合作社、农业产业化领军企业等新型农业经营者的扶持，贯彻党中央、国务院的一系列政策指导精神，如扶植新型农业经营者的成长、推动小农户与现代农业的融合，这也是加速农业农村现代化，落实乡村振兴战略的关键步骤。乡村振兴，需要实实在在的经营主体支撑；产业兴旺，也需要构建现代农业产业体系、生产体系和经营体系。新时代下，伴随着顶层设计创新、基层实践创造，新型农业经营主体被赋予新的历史使命，既要实现自身高质量发展，也要紧密联结小农户应对大变化、对接大市场，还要引领带动现代农业发展。因此，必须以乡村振兴战略为统领，以农业供给侧结构性改革为主线，以新型农业经营主体的发展为目标，在新发展理念下，走出一条粮食安全、食品安全、生态安全优先，农牧并重、结构多元，生产、营销、服务功能相互促进，互联网和智能技术广泛应用的发展路子，进而推动农业农村经济发展质量变革、效率变革和动力变革，实现现代农业发展的新飞跃。

促进新型农业经营主体健康发展，需要立足当前形势，进一步完善政策体系。财税支撑要更加精准，让各类补贴补在实处、见到实效；金融支撑要不断创新，让信贷政策、融资担保、信用体系等日益完善；农业保险要更加灵活，扩险种、提保额、保收益、提效率；科技服务要与经营主体无缝对接，加强科研创新、畅通转化路径，提升农业推广质量；农机装备要面向市场、因地制宜，结合需求特征加快提升农机装备和农机设施现代化、国产化和智能化水平；农业基础要逐一夯实，把行之有效的惠农政策用足、用活，多方式保护耕地资源、多路径完善休耕制度、多角度强化综合治理；人才队伍要全面强化，培训"绿领"产业工人，培育"懂农民、懂农业、懂农村、懂经营"的营销人才，通过高校等组织机构代培、委培实用性管理人才，让"爱农村、懂技术、善经营、敢担当"的农村带头人才脱颖而出，形成"群雁效应"。

本书第一章为新型农业经营主体概论，分别介绍了新型农业经营主体的内涵、特征及类型，新型农业经营主体带头人两方面的内容；第二章为培育新型农业经营主体的总体思路和主要路径，主要介绍了三个方面的内容，依次是基本原则、发展目标和主攻方向、基本支撑和发展路径；第三章为专业大户的经营与管理，分别介绍了四个方面的内容，依次是专业大户经营概述、种植大户的生产管理、养殖大户的生产管理、农产品加工大户的生产管理；第四章为家庭农场的经营与管理，依次介绍了家庭农场的认定与创办、家庭农场的发展规划、家庭农场的财务管理、家庭农场的风险管理四个方面的内容；第五章为合作社的经营与管理，主要介绍了四个方面的内容，分别是成立合作社的程序，合作社成员的权利、义务，合作社的财务管理、创建合作社示范社的方法。

在撰写本书的过程中，笔者参考了大量的学术文献，得到了诸多专家、学者的帮助，在此表示感谢。本书内容全面，条理清晰，但由于笔者水平有限，书中难免有疏漏之处，希望广大读者及时指正。

目　　录

第一章 新型农业经营主体概论

本章为新型农业经营主体概论，分别介绍了新型农业经营主体的内涵、特征、类型及新型农业经营主体带头人。

第一节 新型农业经营主体的内涵、特征及类型

一、新型农业经营主体的内涵

我国农业产业化进程中孕育出的新型农业经营主体，基于家庭承包经营，满足了社会主义市场经济和现代农业发展的需求，进行农业专业化的合作生产与经营，并且具备相当的组织性和社会性。这些主体是在我国农村新兴的，由具备文化素养、技能熟练、经营能力强的人员构建，它们的规模适中，能够提升集约化水平，并且拥有一定的市场竞争优势。观察当前的农业发展，新型农业经营主体主要涵盖了专业大户、家庭农场、农民合作社及产业化龙头企业等。本书将对这几种主体进行深入研究。

对于新型农业经营主体的具体认定，应主要从两个方面进行探究：一方面，新型农业经营主体的诞生源于我国的农业产业化过程，这与过去传统的自给自足的农户家庭经营形成了鲜明对比。它旨在克服后者在规模小、资源利用效率低等方面的不足，拥有合理的规模、高效的劳动生产力和较高的商品化水平。另一方面，新型农业经营主体的出现，是在中国特色农业农村现代化的大环境下，构筑新型农业经营体系的关键部分。我们要通过经营主体的发展解决好我国农业农村发展不平衡、不充分的矛盾，不能盲目追求经营

规模，而是要规模经济和土地产出率并重，要以持续增加农民收入、建设富强美丽的农村、增强我国农业的国际竞争力为目的。

二、新型农业经营主体的基本特征

新型农业经营主体是我国现阶段农业农村发展中的新生事物，它是实行合理的分工协作，辅之必要的规模经营，以利益联结为纽带的一体化农业经营联盟组织，有着与传统小规模农户显著不同的特征，具体特征如下。

（一）以市场化为导向，以专业化为手段

传统小规模农户主要依赖自给自足，其生产能力较弱，产出的比例也相应较小。然而，随着新时期农业与乡村现代化进程的开展，新型农业经营主体开始崛起与壮大。无论是私人农田，或者是农民合作社，或者是行业公司，它们的任务都必须集中在为消费者提供农产品及优质的服务上，进行各类生产与运作，从而保持其存续与发展。传统小规模农户的生产方式大部分偏向于简单的耕作，缺少有效的合作，"小而全"的问题尤为突出，同时也有大量的兼职现象，导致了生产效益的降低。然而，随着中国农业生产能力的提升及农村社区的分工与业务的逐步普及，不论是专注于种植、养殖、农机等的农民合作社，还是各式各样的家庭农场和专业大户，都开始积极地在生产经营的特定领域、特定品种或者特定环节专业化发展，一改过去低效率的"小而全"状况，逐步开展专业化的生产经营活动，以实现"聚焦"效应。

（二）以规模化为基础，以集约化为标志

农村实行家庭联产承包责任制后，分田到户，以家庭为基本单元开展农业生产活动，一时间极大地调动了我国广大农民的劳动热情，农业生产呈快速发展态势。然而，由于过去的低生产能力限制，传统小规模农户难以提升生产经营效率。近些年，中国的农业生产技术和装备质量正在持续提升，同时，政府也开始逐渐加强对基本设施的优化，特别是当大批农村人口迁移到

城市就业，导致大量的土地被浪费。新型农业经营主体为了追求更高的利润，更倾向于扩大其经营规模，并努力提升其规模效应。传统小规模农户主要通过增加劳动力的投入来提升土地的产出，延续过去的粗放式发展道路。新型农业经营主体会采取有效整合各种生产元素（如资金、技术、人才、设备等）的方式，以此有效提升土地的产出、劳动的产出及资源的使用效率，通过技术创新、优质人力的投入等获得规模效益，从过去以调整增量为主要手段到以改变存量结构和品质为主要手段，实现各经营主体的集约化发展。

（三）以独立经营为基础，以联合发展为手段

在新型农业经营主体联合过程中，各经营主体产权明晰，保持着经营的独立性和自主性，是一个相对独立的农业生产经营组织，为获取合作效益，他们需要通过签署合约、协议或者设立章程等方式，共同进行农业的生产和经营。目前，新型农业经营主体并未拥有独立的法人地位，与联合社、行业协会等存在显著的区别。联合社是农民合作社的集合，而行业协会更侧重于交流、服务及自我约束，它是社团性质的组织，并未涉及上下游产业的深层次经济交流，也不必考虑产业链扩展的问题。新型农业经营主体联合已成为今后发展的重要趋势，通过联合可以增强竞争实力和抗风险能力，获取规模效益和较高的生产效率。在我国农业供给侧改革的过程中，在一二三产业融合发展的过程中，新型农业经营主体间的联合必将越来越紧密，成为"经济利益共同体"和"命运共同体"。

（四）以龙头企业带动，注重合理分工

新型农业经营主体在实践中更加注重相互间的联合，现阶段，我国的农业产业联合体主要由龙头企业领导，以家庭农场为基础，以农民合作社为连接，每个成员都有明确的职责定位。相较于家庭农场，龙头企业的管理层次更多，生产监管成本更高，不适合直接参与农业生产，但在人才、技术、信息、资金等方面具有显著优势，适合负责研发、加工和市场开发。相较于龙

头企业，合作社作为农民的互助服务机构，在激励和组织农民生产方面拥有天然的制度优势；同时，在生产过程中的服务环节可以形成规模优势，主要负责农业社会化服务。家庭农场和种植大户都拥有土地、人力资源和必要的农业知识，它们的主要职责是进行农业种植和养殖。在我国农业农村发展中，各经营主体都具有独特的优势，也具有明显的不足。因此，各经营主体的合理分工，既是其独立存在的必需条件，也是新型农业经营主体发展的必要条件。

（五）以扩大辐射带动为己任，以产业增值和农民受益为目的

相对普通农户，新型农业经营主体拥有较多的人力资本。许多研究表明，相较于传统的农民，拥有大学或更高学历的人在新型农业经营机构的领导层占据更大比例。此外，同类机构更容易吸引高科技人才发挥自身专业特长，服务新兴农业经营。新型农业经营主体给予了农村人口岗位，有助于农村的劳动者找到工作。同时，我们也要注意，这些经营主体的影响力已逐渐浮现。它们不只是与农户构筑了一个利益共享的系统，从而大幅扩大了就业的规模，也催生了如农村电子商务、乡村度假旅游等新兴行业，从而推动了行业整合。产业是否兴旺、农村是否美丽、农民是否富裕，是检验新型农业经营主体和农业产业化联合体发展实效的重要标志。各经营主体的壮大和联合体通过产业链的扩展，将极大地提升资源分配的效率，进而达到产业增值和农民受益的目标。通过建立紧密且稳定的利益关系，各个主体之间及主体与农户之间能够实现全产业链的增值和效益增加，使农民获得更多的满足感和幸福感。

三、新型农业经营主体的主要类型

依据我国的相关政策体系和现有的研究成果，通常认为新型农业经营主体是由农业产业化龙头企业、农民合作社、家庭农场、专业大户及经营性农业服务机构共同构建的。

（一）龙头企业

农业产业化龙头企业简称龙头企业，在我国农业产业化的进程中，通过签订合约、协作等方式，激励本地的农民合作社、家庭农场以及农户参与合作，实现产、销、贸、工、农一体化的农产品加工或流通。这些公司在经营规模和经营指标上满足了相应的要求，并且得到了政府相关部门的认可，对于推动农业和农村的经济发展起着重要的影响。在新型农业经营主体里，龙头企业的经济实力最为强大，它们不仅掌握着尖端的生产技术，还拥有优秀的经营管理团队，并且具备与广阔市场的连接渠道以及一定的抵御风险的能力，它们是我国农业现代化的领军者和核心力量。龙头企业是依据政府的产业政策和产业发展规划，从事农产品加工的经济实体；是具有市场开拓能力，能为农民提供服务，带动农户发展商品生产的市场主体；是推动农业供给侧结构性改革，提升农业产业化经营层次，增强农业国际市场竞争力，促进农业、农村、社会经济发展，全面实施乡村振兴战略的重要载体。

龙头企业的发展对于进一步推进我国科技和教育体制改革、更好地实现农科教产学研相结合、提升和完善农业产业结构、推动农业现代化进程、持续增加农民收入、提升我国农业国际竞争力、实施乡村振兴战略均具有重要作用。

（二）农民合作社

农民合作社是以家庭承包经营为根本，按照自由合作和民主治理的准则，构建和壮大的一种农业经营组织，其特点是强调相互协作。这种合作社成功地促进了农民之间的协作，同时也成功地解决了过去农民家庭无序、低效经营的问题，更重要的是产生了"抱团发展"的效应，实现了农户与农户、农户与家庭农场、农户与合作社之间在生产技术、资金等多方面的合作，逐步推进了农户和家庭农场的集约化发展，推动合作社的经济效益和社会效益高质量提升。近些年的实践证明，农民合作社不只是推动农户家庭经营融入市场的一种关键的组织模式创新，同时也在向一般农户和家庭农场提供生产性服务中起到了关键作用。推动农民合作社的发展，是"实现小农户与现代农业发展的有效连接"的一个关键路径。

（三）家庭农场

家庭农场是指以农业收入作为家庭主要收入来源，以家庭成员为主要劳动力，以实现农业规模化、集约化、商品化为目标的新型农业经营组织。原本家庭农场是专门针对欧美等国的大规模农户的一种称呼，它们是这些国家进行农业生产和经营的主要推动者。在党的十七届三中全会上，首次提出了在具备条件的地方可以发展家庭农场的观点。自此之后，我国的家庭农场像雨后春笋一般快速发展，现在已经成为我国新型农业经营体系中的一个关键元素。浙江、上海、湖北、吉林等地已经开始尝试，并提供了基本相同的发展家庭农场界定标准。也就是说，家庭农场的经营范围较广，土地的流通关系稳定，同时，其集约化程度和管理能力也较高。

自 20 世纪 70 年代中期至 80 年代初，中国的乡村已经建立起一种以农民个人的承包经营为核心的农业双层经营模式中，这种"小而全"和"小而散"的模式已逐渐转变为乡村农民的主要运作方式。尽管根据全球的实践，未来一段较长的时间里，家庭经营依旧会在诸如粮食、棉花这样的大型农产品的制造环节上扮演核心角色，起到至关重要的作用，但是，由于农民的小规模和分散的特点，他们的家庭经营在推动现代化农业发展的过程中的不足之处也逐渐浮出水面。近些年，政府对家庭农场的扶持政策逐渐明确并得到了进一步的强化。这一现象的一个关键原因在于，家庭农场不只能够克服"小而全"和"小而散"的农户家庭经营的限制，同时也充分迎合了农户家庭经营作为现代农业主导模式的紧迫需求。家庭农场的壮大，不仅可以在保留农户家庭经营的合理性的前提下，借鉴公司运营的优点，还可以培育农户领导者的企业家精神和协同工作的技巧，从而成为推动我国现代农业发展的关键支柱。

（四）专业大户

专业大户通常被定义为在种植或养殖方面的规模超过了本地的传统农户，并进行了专门的生产管理的人。然而，这类人群的分布广泛，状态多变，目前的数据收集与研究任务颇具挑战性。因此，将他们定义为专门从事农业的人士，仅仅是一个普遍的口头表述，目前还没有一个确切的定义，甚至有时候他们被称为"种植、养殖的大户"。在不同的地域和领域，专业大户的标准差异很大。从目前的专业大户定义来看，更多强调的是"大"而不"强"，即经营规模较大，但具有明显的粗放经营特征，集约化经营水平较低，甚至有的很难适应现代化农业发展的要求，这也是一些研究并未将专业大户视为新型农业经营主体的原因。

（五）经营性农业服务组织

经营性农业服务组织是指在农业生产过程的每个阶段，包括初始阶段、中期阶段及后期阶段都提供专业和市场化服务的各种经济实体。这些专门的服务机构、专门的服务团队、农民代理人等，已经变成了我国农业和乡村发展的关键支柱。它们为众多的农业经营者提供了如农机操作、疾病和虫害预防技术、种植和养殖技术、农产品销售技巧及储存和运输等多样化的服务，解决了许多他们希望实现但无法实现、可行但难以完成的问题，大幅度地减少了他们的生产开支，有效地提高了他们的资源使用效率。经营性农业服务组织以服务"三农"为宗旨，以推进我国农业供给侧结构性改革为主线，以提供多途径、多层次、多类型的农业生产性服务为手段，以带动经营主体的发展、全面推进现代农业建设为最终目的，是我国新型农业经营主体中具有独特功能、无法替代的重要组成部分。

为满足经营主体发展的需要，经营性农业服务组织向其提供了七个方面的服务：一是提供农业市场信息，为经营主体提供农产品生产、加工、销售、储藏、运输及国家政策、法律等方面的信息，构建并完善信息的采集、分析、发布和服务等环节，用最快的速度、最准确的信息来满足各经营主体进行决策和制定具体策略的需要，用准确的信息引导经营主体按市场需求和国家宏观政策来调整生产经营结构，解决好小农户与大市场的衔接问题。二是提供农资供应服务，为农户提供种子、农药、兽药、化肥、饲草料等农资供应服务，力求价格公道合理，购买快捷方便。三是提供绿色生产技术，为经营主体在土地深翻、深松、秸秆处理等土地作业方面提供绿色技术服务。积极推进无污染、无公害的化肥、农药的普遍使用，提供更多有效的绿色环保技术，改善农业生态环境，培养地力，实现绿色生产。四是优化废物综合利用服务，协助各经营者构建畜禽养殖废物的收集、转化和利用系统，积极研究地膜生产者责任延伸制度，提供秸秆的收集、储存和运输社会化服务，以进一步推动秸秆的综合利用工作。五是优化农业机械操作和维护服务，搞好区域内农机作业中心和维修中心的建设，实现服务中心的提档升级，提高我国农业机械化、现代化水平。六是提供农产品初加工服务，做好以储藏、烘干、清选分级、包装等初加工环节为内容的服务，提高农产品的加工效率，提升其附加值。七是提供农产品营销指导，积极为经营主体提供农超对接、农社对接的办法与渠道，创新产销衔接的方式，积极推广农产品电子商务，尽力减少流通环节，降低农产品流通成本。

第二节　新型农业经营主体带头人

一、新型农业经营主体带头人的基本素质

（一）新型农业经营主体带头人的三种意识

1. 保障国家粮食安全

爱国主义反映了人们对祖国的深深热爱，揭示了个体对祖国的依赖，是人们对自己的家乡、民族和文化的归属感、认同感、尊重感和荣誉感的融合。

对新型农业经营主体带头人来说，把地种好，生产出量多质优的农产品，维护国家的粮食安全，满足人民的需要就是爱国主义最为集中的表现。常言道："手有余粮，心里不慌。"只要中国的粮食供应不受到严重影响，社会就能够保持稳定。如果缺乏粮食保障，国家的和谐与团结也将无从谈起。只有当粮食供应充裕，人民才安定。对于一个人口众多的国家来说，只有保障国家的粮食安全，才能推动经济的进步和社会的稳定，从而使国家的安全基础更加坚实。

粮食安全是国家长治久安的重要基石。传统观念中，民以食为天。在中国这个人口庞大的国家中，保障粮食安全的重要性无法忽视。伴随着人口的增加与城市化的推进，整个社会对于粮食及其衍生物的需求量呈现出显著的上升趋势。中国的粮食生产渐渐不能满足需求，缺口日益增大。

新型农业经营主体带头人是现代农业发展的主体，承担着保障国家粮食安全的重要职责，各种现代农业经营主体，如家庭农场、专业大户、农民合作社等是新型农业经营主体带头人的重要存在形式。新型农业经营主体带头人要认识到农业对国家安全的重要意义，始终把发展农业作为农民的首要责任，特别是承包大户、家庭农场、龙头企业等新型主体，不能见利忘义，不能擅自改变耕地用途搞非粮化、非农化，要始终把维护国家的粮食安全放在首位。

2. 遵纪守法

作为新型农业经营主体带头人必须具备一定的法律知识。

一方面，要学法、懂法、自觉遵守法律，从而避免因为不懂法而违反法律。特别是要熟悉与农业、农产品有关的法律法规，如《中华人民共和国农业法》《中华人民共和国农业技术推广法》《中华人民共和国种子法》《中华人民共和国森林法》《中华人民共和国野生动物保护法》《中华人民共和国农产品质量安全法》《农业转基因生物安全管理条例》《植物检疫条例》《基本农田保护条例》《农药管理条例》《野生植物保护条例》《自然保护区条例》《退耕还林条例》等。通过学习法律懂得新型农业经营主体带头人的角色规范，明确自己的权利、责任和义务。

另一方面，要注意保护自己的各种合法利益不受侵犯，要掌握一些基本的民法知识。比如，新型农业经营主体带头人在有些经营情况下需要签订合同，以免发生纠纷时处于不利地位，无法维护自己的权益。

3. 负责任的公民

新型农业经营主体带头人是社会中的公民，既享有合法权利，又要承担社会责任，只有这样，他们和社会之间的相互责任承担才会进入良性循环，有助于社会和谐发展。如果新型农业经营主体带头人只想享受权利，不愿意承担任何责任，那么公民和社会之间的相互责任承担问题会陷入恶性循环。

在最基本的层面上，社会责任意识表现为遵纪守法、正派为人、正确做事、有公德心。在公共场合不随意吸烟、不乱吐痰、不乱扔垃圾、不影响公共环境、有环境保护意识等则是最基本责任行为。

农业作为社会中较重要的领域，负有为社会提供安全农产品的责任。中国农民具有优良的社会责任传观念，如珍惜土地、保护环境、诚实守信，主张天人合一、尊重自然等。农民是一个天然地对土地和环境负责任的群体，每年可以看到的全国各地农民抗旱播种、抗洪救灾、平整土地、修建梯田、挖渠引水、邻里互助等，这都是农民责任心和责任行为的具体表现。

但是，也应该看到，有一些农业生产者，为了获得较高的产量和收入，大量使用化肥和农药，甚至使用国家明令禁止的剧毒农药；或者在饲料中违规过量添加激素；在缺乏必要卫生条件的小型食品加工厂和作坊中加工食品，在加工过程中添加有毒、有害的物质以保持食品欺骗性色泽和外观。流入市场的毒米毒面、毒肉毒蛋、毒油毒菜，损害了消费者的健康，也影响了中国农业的声誉。

新型农业经营主体带头人从事的是现代农业，现代农业不是封闭的、自给自足的农业，而是开放的农业。所以，现代农业对其期望值较高，这就尤其需要他们的责任意识有所转变。人的责任与个体的自主选择权和选择能力有着密切的联系，人类在每一次实践中的巨大进步都体现在个体的选择权和选择能力的增强。因此，个体的社会责任也必然会有所增加。在当前的农业环境中，人类的社会责任问题比以往任何时候都更为显著和严重。现代农业的发展，不仅激发出了人类空前的创新能力，也带来了空前的破坏性。在这个背景下，人的社会义务问题变得前所未有的严重，人类从未承担过如此重大的社会责任。新型农业经营主体带头人不仅要对自己负责，也要对他人、生态环境、社会和后人承担责任。

首先，现代农业要求新型农业经营主体带头人对未来承担责任。传统农业社会中，在传统的农耕生活中，由于四季轮换的劳作模式和"日出而作，日落而息"的生活习惯，人们对未来的认知极其有限，在生产力极度有限的情况下形成了极其狭窄的时间观。在那个时代的人们眼中，时间是循环不断的，历史也是无尽重复。因此，他们的价值观念强调要尊重经验，遵循古老的规则。在工业化冲击下形成的"石油农业"，以农业机械和化学农业为特征，对土地进行掠夺式经营，其价值准则是争取现世的成功和眼前的利益，在现代农业中，未来问题的重要性显著增强。这是因为农业和科技的现代化，以及机械设备的广泛使用，极大地提升了人类对自然的改造能力，改变了农业生产的纯自然过程，使得人们能够按照自己的意愿发展。未来不再仅仅是一个与现在行为无关的外在事物，而是人们主动塑造和选择的目标。不负责任的农业行为必然会给未来带来灾难，这就要求现代农民必须是具有高度智慧、高尚道德和健康情操的全面发展的"创造着的人"。如果不能培养和造就出这种新型农民来，我们的现代农业就难以形成，甚至会给未来带来灾难。由于农业生产的高度现代化，人们需要承担更大的责任和具备更高尚的道德。

其次，现代农业要求新型农业经营主体带头人对自然界负责。随着现代农业改造自然能力的提高，现代农业的发展带来了一些潜在的负面影响，例如，人类对自然资源的利用已经远超过了自然的再生能力。四大支撑人类生活的系统——农田、牧场、森林和渔业，正在遭受过度开发的冲击，这导致了环境污染、能源危机、水土流失、物种灭绝等问题，对人类的生存和发展带来了挑战，因此必须重新思考和评估人与自然的关系。过去我们以大自然的主人自居，但现代农民既不是大自然的奴仆，也不是大自然的敌人，当然也不会是大自然的主人，而是与大自然和谐相处的朋友。

科学家们反复告诫我们一个最基本的事实：人类只有一个地球。过去农业发展中一些不负责任的做法，不仅不能给子孙后代留下一个美丽的地球，而且还预支了属于他们的一份资源。因此，发展可持续农业，减少对环境的污染就成为现代新型农业经营主体带头人的重要责任。

最后，现代农业要求新型农业经营主体带头人对全人类的发展负责。开放的市场经济日益把世界连成一个整体，中国农民的行为不仅影响着中国，也影响着世界。现代农业的迅速发展，客观上为造就一代新型农民提供了前所未有的可能性。但是，同样也应该看到，人和技术的关系也是一个历史的范畴，只有当农民真正处于现代农业技术支配地位时，现代农业的发展才能成为推动人类发展的有效力量。

（二）新型农业经营主体带头人的四种精神

1. 讲信用

在秦朝末期，一个名叫季布的人，因言行一致，声望极高，和很多人结下了深厚的友谊。当时有一种观念，即获取千斤黄金，不如得到季布的一个承诺，这就是"一诺千金"这个成语的由来。一个人言行一致、诚实守信，就能获得大家的友谊、帮助、尊重和威信，最终获得成功。不守信的人，便会失去别人的信任，一旦处于困境，很难获得救助。诚实守信，这是华夏民族的古老优良传统，在漫长的社会伦理发展过程中，它始终被大众看作生存的根基、道德的根源。

华夏民族拥有"言出必行，行动必果"的诚实特性，古代的诚实，主要体现在道德层面，现代的市场经济，更多地体现在法治与信用体系层面。无论是个人、家庭、公司、民族还是国家，诚实都是至关重要的。对人以诚信，人不欺我；对事以诚信，事无不成。一个人人讲诚信的社会必将是一个文明、温馨的社会。新型农业经营主体带头人的诚实行为，不只推动了乡村的和谐发展，为农业产业化提供了优质的发展空间，同时也对提升农民的收益、优化生活质量产生了显著的推动效果。

现代商业也是一种信誉经济，需要优秀的信誉作为支撑。这需要人们在社会经济活动中坚持诚实守信，具备重视承诺、信守承诺、讲究信誉等优良特质。通过优秀的信誉获得市场的经营者将能够得到丰厚的回报，如果商家失去了信誉，消费者就不会选择购买他们的产品，这将对其生产和经营造成严重的威胁。没有信誉的商家无法在市场竞争中生存和发展，以诚为本、诚信经营，才能立于不败之地。

如果农民在农产品生产中缺乏诚信精神，首先，消费者购买到低质量和不安全农产品的可能性会提高，这将增加交易参与者的防护成本；其次，这会引发市场秩序的混乱、萎缩甚至消失，轻则损害农产品消费者的购买信心，重则危及消费者的身体健康，甚至妨碍中国农业在国际上的竞争力。无论在哪个行业，诚实守信都是极其关键的品质，对于新型农业经营主体带头人来说，更应该被尊重和重视。

2. 遵守契约

在生活中，契约关系十分普遍，比如，婚姻是一种契约关系，夫妻双方的互信是签订契约的基础，而契约精神则是履行契约的保障。结婚证便相当于书面契约，让夫妻双方对家庭负有责任和担当，履行契约，可以让夫妻和睦，家庭美满。现在的市场经济，是一种契约经济。在农业生产中，现在越来越多的经营需要签订合同，合同就是保证买卖双方利益的契约。

确保合同双方履行各自的职责，是保持市场经济秩序的核心。一方面，强调市场经济是法治经济，要通过"法律"的工具来保护市场的"秩序"；另一方面，也需要借助道德的力量，以"诚实"的道德认知，来保持正常的经济秩序。为了市场经济的健康发展，不仅需要对违法行为进行严厉处罚；更关键的是，需要让大部分参与竞争的人，在竞争中遵守法律，成为一个道德高尚的人。如果每个人都只想方设法获取利益，人和人之间的交往就无法进行。违反契约，农产品市场经济的正常秩序是根本无法建立起来的。

3. 学习科学技术

农业发展，首先依赖于政策，其次是科技，最后是投入，而最终的发展方案，则是依赖于科学技术。科学技术是农业发展的基础途径。无论是提高农业产量，还是改善农产品品质，或调整农业结构、发展生态有机农业等，都必须依靠科技进步。

靠科技致富的例子不胜枚举，不懂科学技术知识而导致失败的例子也不在少数。一些人凭着一股热情承包耕地，但不懂农业技术导致投资血本无归；一些人不懂施肥灌溉技术，导致农产品品质下降。新型农业经营主体带头人唯有熟练掌握科学技术才能不断提高农业劳动生产率，提高农产品的产量，改善农产品的品质，并减少有害生物和不良自然条件造成的损失。

新型农业经营主体带头人不仅要善于运用农业科技，还是实用技术的研究者和贡献者。最近一些年涌现不少农民育种专家、农业机械发明家，大量的新设施、新栽培方法、新的管理技术都是出于"田秀才"之手。各类新技术、新理念都是在新型农业经营主体带头人这里汇集、实验、扩散，新型农业经营主体带头人应该成为农业实用技术推广与应用的带头人。

4. 热爱农业

农业是一个依赖经验的行业，只有在长期的实践中不断积累各种生产经验，才能成为种田能手。因此，新型农业经营主体带头人首先要热爱自己所从事的农业生产或经营活动，形成勤奋、尽责、热爱职场的工作精神，致力于成为农业生产和管理的专家。这不仅是对社会的责任和义务的体现，也是对自我价值的认可和提升。在生产流程中，以诚实的心态处理每一个生产环节，避免违反规定使用农药，保护生态环境，遵循科学的流程和标准进行生产，为社会提供丰富、高质量、安全的农产品。在推广活动中，实事求是，童叟无欺。

新型农业经营主体带头人要对自己从事的工作高度负责，不断提高技术水平。农民的很多工作都在户外，主要是在大自然中进行农作，他们不仅需要承受日晒雨淋的考验，还需要随时准备与自然灾害作斗争。风、雹、旱、涝、低温、高温、虫害、病害等都会对农作物的安全构成威胁。农民需要付出辛勤的劳动，需要持久的耐力，如果没有对农业的热爱和兴趣，就难以坚持下去。

新型农业经营主体带头人需要不断创新。农业生产的每一个步骤都是富有创新性的过程，新型农业经营者不只需要将现有的科技创新性地应用于生产，还需要持续发现新的问题，并制定出新的解决方案。面对世界科技的日新月异，面对农业现代化的巨大需求，新型农业经营主体带头人需开阔眼界，紧跟世界潮流，自主创新，不断前进。

努力进行农业生产，保障农产品的安全，创造社会效益，为社会服务，应该成为新型农民的职业理想。作为新型农业经营主体带头人，在农业生产和经营中应保持积极态度，更好地履行自己作为新型农民的职责。在农业的生产与运营过程中，新型农业经营主体带头人需要评估他们的行动所带来的结果和影响，并以理智的方式看待农业生产、各种技术及各种利益诱惑，积极地承担现代农业经营者的职责。不断提高自己的职业技能，成为熟练的、有职业良心和职业信誉的从业者。

（三）新型农业经营主体带头人的职业素质

新型农业经营主体带头人应具备优秀的职业操守，严格遵循职业规则和标准，充满敬业精神和责任心；拥有较强的个人魅力，对人忠诚正直，重视承诺、信守承诺，处理事务公正无私，拥有开阔的心胸；具备优秀的心理素质，自信，不惧怕挫折和失败，坚韧不拔，敢于担当责任；有现代农业发展理念和互联网农业的职业习惯。

（四）新型农业经营主体带头人的个人能力

1. 思考力

新型农业经营主体带头人要勤于思考、要会思考，要想清楚三件事：一是老板想要什么样的结果，老板的目标与现实有多远。二是产品的优势和劣势在哪里，优势怎样散大，劣势如何避免。三是客户想要什么，想办法让客户接受"价廉永远不会物美"的现实，想办法让"羊毛出在猪身上，兔子买单"。

2. 沟通协调能力

新型农业经营主体带头人经常要与四类人沟通：一是与客户和外部环境沟通；二是与公司的领导或股东沟通；三是与同事沟通；四是与下属沟通。需要强调的是，沟通必须有效果，不能有任何漏洞。在很多情况下，事情的各个方面会不断产生冲突和矛盾，这并非因为我们的能力不足或者没有达到预期的目标，而是因为我们缺乏有效的沟通。只要能够有效地沟通，任何工作都不会存在无法解决的问题。擅长沟通和有效沟通，能够提前解决冲突，有助于调动全体人员的力量。

3. 洞察力和判断分析能力

要有敏锐的洞察力，不放过任何问题。大事是怎样发生的？必须认识到，薄弱环节和容易被人忽视的地方最有可能出大事。

新型农业经营主体带头人要能准确判断农业生产或经营中的漏洞和弱点，碰到任何问题能第一时间发现，能合理分析，并能提出改善方案。

4. 执行力

新型农业经营主体的带头人需要执行既定的策略和政策，并向下属解释，同时负责组织、规划、指导、检查和考核。如果工作无法实施，那么所有都是空谈；如果实施了但不能达成目标，那么所做的工作都是无用功。执行力是新型农业经营主体带头人的必备能力。

5. 驾驭人的能力

社会分工越来越细，一个人再厉害也不可能独立完成所有工作。如果事事都身体力行，那就不适合做新型农业经营主体带头人。分工协作就必须选人用人，用人不当往往会事倍功半。诸葛亮错用马谡，导致街亭失守；赵王误用赵括，赵括纸上谈兵，导致长平之战大败。农业生产选错技术员，必然导致产出劣质产品。

6. 时间管理能力

新型农业经营主体带头人每天忙得不可开交、工作混乱无序并非好事，一是这表明他的组织规划工作存在不足；二是他没有激励下属积极参与；三是他的效率低下；四是他对自己和团队的责任感不足。诸葛亮全力以赴，无所不包，但最终因为劳累过度而去世。我们需要像"老黄牛"一样勤奋努力的人，但他们只适合承担一些特定的任务，并不适合做一个领导团队全面工作的经理。

新型农业经营主体带头人每天都要应对各种挑战，如果他们不能妥善规划自己的工作内容，有效地管理自己的时间，可能连吃饭和睡觉的时间都没有，事情做不好就会自我崩溃。拥有时间管理技巧可以让经理人从琐碎的工作中解脱出来，专注于重要的任务，将其他的工作交给相应的职位去处理。只有当经理人能够把握住影响全局的核心，他们才能轻松应对所有的工作，这就是所谓的"轻功"。

7. 妥善处理生活与事业的能力

为了事业牺牲家庭和爱情，不是最好的选择。在某一阶段顾大家舍小家是可以的，在特定时期当个工作狂是必需的，但这不应该影响完美的生活。如果安排得当，基本可以避免生活和事业的矛盾。

二、新型农业经营主体带头人的营销理念

（一）了解市场信息，把握市场脉搏

随着信息技术的迅猛发展，农产品市场信息对农产品产销影响巨大。因此，提高广大农产品生产者对市场信息的获取能力，满足其对市场信息的需求，可推动农产品市场营销。

1. 获取农产品市场信息的渠道

目前最权威的农产品市场信息渠道是农业农村部主办的中国农业信息

网，该网站专门设有"供求热线""信息联播""科技推广""外经外贸"等栏目，还与农药、菜篮子、种业、花卉、畜牧兽医、农产品供求、水产、绿色食品等行业网站链接，另外还与各省（自治区、直辖市）的农网、农业信息网链接。

中国农民经纪人网上有"农产品信息""供求信息""进出口信息"及 26 个不同类别的"交易平台"等栏目，这个网站上面还有很多与农产品经理人有关的专门的知识介绍，值得农民关注。

2. 农产品市场信息的发布

新型农业经营主体带头人可以将自己所有的关于农产品、农业生产资料的供应、需求信息公布到相关媒体上，以得到相应的货源或销售渠道，这就是信息发布。常用的信息发布渠道包括报纸、杂志、广播、电视、网络等。

目前，权威网站有全国农产品批发市场价格信息网、12316 农业综合信息服务平台、发发 28 农产品信息网、农享网等。这些网站都能免费注册发布供求信息，还可加入地方商圈、行业商圈，让经营主体更快捷、更方便地做生意。

此外，一些更容易传播信息的发布手段，如电子邮箱、QQ、聊天室、博客、微信、视频、网店等现代网络信息发布的形式越来越受到消费者的欢迎。

（二）学会市场营销管理

1. 我国农产品营销发展趋势——"农超对接"

长期以来，农贸市场一直是我国农产品营销渠道中最为重要的销售终端。这种传统的零售终端存在诸多无法回避的问题，如质量保证问题、经营不规范问题等。许多专业人士倡导"农超对接"的策略，以此来加快农产品的流通速度，并尽可能减少供应链的时间。这种策略的核心在于，通过与农户签署合同，使得他们能够直接将农产品送到超市、便利店及蔬菜批发市场。此策略使得高质量的农产品能够直接在超市销售，从根本上讲，它把现代化的供货模式带到乡下，商化了农产品的流转过程，从而使得农民和消费者获得最大的收益与便利。

市场对于超市的接纳度很高，近年来，它已经逐渐进入农产品销售领域，成为农产品零售营销领域的一匹黑马。传统的农产品流通渠道过于复杂，导致农产品在流通过程中层层加价，造成城市百姓生活负担加重的同时，农民也并未增加收益。政府一直在鼓励开展"农超对接"，也正是看中了超市在商品流通中的重要作用，旨在打造高效安全的农产品营销网络，使之与城市经济发展相适应。近几年，随着消费者物价指数的高涨，政府十分注重控制农产品的价格增长，以农业部为主导的相关部门，正在全国各地大力推行"农超对接"的农产品供应模式，努力降低中间流通成本，保障产品质量。

在欧美发达国家，一半以上的农产品进入了超市。过去我国农产品市场主要以城市集贸市场为主，只有少量农产品由超市售出。但随着中国社会的生产力和人民的生活质量的不断提升，城乡居民的消费水平也在快速增长。这导致了消费理念和方法的转变，人们对食品安全的关注度也逐步增加。由于超市在农产品的质量、便利性及购物环境等方面的优点，它逐渐赢得了消费者的喜爱。

（1）"农超对接"主要发展模式

①"超市＋农民专业合作社＋农民"模式

该模式是指超市利用专业的农民合作社和农户建立连接，从满足标准的农民专业合作社处采集商品，再由该合作社带领其成员生产农产品。详细的流程为：超市设立一个"直接采购"团队，从全国范围内的农民专业合作社中筛选出可以生产、制造满足标准的高质量农产品的合作社，与其达成协议，开展合作，同时给予必要的技术引导和帮助；接着，该合作社会带领农民生产、制造，家乐福超市的"农超对接"模式就是其中的经典例子。家乐福的"农超对接"主要为大规模的采购，并且他们并未和零散的农户建立联系，而是选择农民专业合作社"直采"。这样做的原因主要在于，它们能够在保证大规模供应的前提下，统一遵循超市的采购规范。家乐福会不断为合作伙伴们提供各种专业的培训,以优化其经营策略与制造工艺,同时也协助它们在本地区寻求物流及包装服务,以此来增进双方的协同效益,实现双方利益共享。

②"超市+农业产业化龙头企业+农民"模式

此模式是指,超市本身或者借助特定的农技咨询公司,寻找来自高质量农产品源头的龙头企业。这些龙头企业负责协调农户的生产活动,而超市则负责对其生产、处理等环节提供监督与引导。农产品的质量由第三方机构审核,符合标准的农产品将被超市采购,并最终销往消费者手中。麦德龙超市就是此类经营模式的杰出示例,其并未像家乐福一般直接与农户合作社建立联系,反倒设立了一家致力于农技教育、咨询及培养的农技咨询公司,并且与相关的龙头企业协同,为本地的农户提供技术指导,构建了一个全新的供货体系,并且构建了一个科学的规范化生产过程。

③"超市+基地+农民社员"模式

为确保超市新鲜食物的质量,凸显其经营特性,必须加强管理。超市在新鲜食物的采购、处理和销售方面都是自主运营的,并且设立了无污染的蔬菜生产基地,与农民签署了种植合同,以此积极推动订单农业的发展。作为这种模式的典范,家家悦与乡镇政府及村委会联手,共同打造种植和养殖的基地,统一管理农产品分发、处理、储藏、交易及配送,指导农户实施订单化生产。

(2)"农超对接"的优势

"农超对接"使传统的农产品供应链得以改善,它增进了不同部门的协作,把每一个家庭的小型农业生产与无穷无尽的大型市场紧密结合,以此满足多方需要,达到农民、商家及消费者的共赢。此外,该模式也有望推动农村经济社会的新一轮转型。

①"农超对接"给农户带来的效益

A. 保证农产品市场的稳定

在市场开放的背景下,为了提升农产品的销售效率,农民必须具备对农产品市场的深入理解和预测能力。然而，由于信息的不平等，农民的文化程度通常较低，常常无法准确预测市场。"农超对接"模式的实施，使得农民从传统的本土销售模式转变为与超市长期合作，从而降低了产品流通、营销的成本，以此提升收益。超市设定适当的价格范围，有助于农民克服市场价格频繁波动所带来的负面效应。

B. 提升农民获利空间

"农超对接"的最大优点在于缩短了流程，降低了交易成本，从而帮助农民提升农产品的采购价格。如果农户自行在市场销售蔬菜和水果，或者通过"农户—地头经理人—地头市场—区域批发经纪商—批发经纪商—农贸市场商户或超市供应商—消费者"的长期路径销售农产品，其收益往往较小。然而，"农超对接"使得农户和超市能够直接合作，从而实现双赢。农民能从中获取更多的收益。

C. 促进农户间合作，调整农业生产结构

"农超对接"在一定程度上提升了农户的互动性，并推动了农民专业合作社的成长。此举不只能够提高农业的规模经济效应，推动农产品生产的标准化和规范化，还能指导农户采取市场驱动的生产方式，形成基于市场的农业生产布局，从而提高经济收益。

②"农超对接"给超市带来的效益

A. 减少中间环节，获得更多产地信息

在传统的农产品销售途径中，农产品需要在农户、管理层、零售商、运输公司、零售市场、超市提货方和零售店等各处流通，这样的过程既耗时又耗力，不但会提高流通的成本，也容易导致农产品的损耗。"农超对接"大大简化了中间的流程，大幅度缩短了流通的周期，同时也保证了农产品的新鲜性。此外，超市和农民紧密互动，能够收集到更多的农产品原产地资讯，这对其持久发展大有裨益。

B. 加强控制农产品生产和流通环节

"农超对接"的目的并非仅仅缩短农产品的流通流程，反而是让农户和超市共同承担这个职责，将其视为他们的工作。这样，农户就能够直接与超市建立联系，推动超市的标准成为农户农业生产的标准，从而实现以市场需求驱动的农业规范化生产。

C. 有利于农产品的可追溯性体系建设

"农超对接"让超市有能力对农产品的生产过程进行管理和监督，构筑一套农产品可追溯性体系，从而确保其销售的农产品的安全。在此运作方式下，超市会更深入地介入到农产品的初级生产阶段，包括设置标准、提供技术咨询和质量审查，并且从处理、生产和分发的每一步都能保障农产品的安全。这能够满足顾客对于食物质量的要求。因此，相较于农贸市场，超市拥有更大的吸引力和竞争优势。

③ "农超对接"给消费者带来的效益

在"农超对接"的模式下，超市将对农产品的制造、处理、分发和销售的每个步骤进行严格的质量审查，同时，也将对出售的农产品的质量提供可追踪的保障，以确保消费者在购买过程中感到安心和放心。此外，超市直接采购，不仅缩短了流通的时间，也降低了中间环节的数量，从而既保证了农产品的新鲜度，又让农产品的价格更具竞争力，从而维护了消费者的权益。

为了构建一个全新的农产品销售系统，我们必须逐步形成以超市连锁经营为核心，农贸市场为辅助的农产品零售终端体系。"农超对接"虽然在理论上完全省去了中间环节，但在实际操作过程中却很难做到农超的直接对接。对比起规范化的超市运营，农户们的规模较小且起步较晚。在超市的强大影响力下，许多农户无法接受超市提出的条件，他们"人微言轻"，一些本应从"农超对接"中受益的农户没有赚到钱，因此在实际的对接过程中仍然存在许多难题。在我国的农业生产流通过程中，完全忽视其中一部分环节，目前来看并非最佳选择，甚至难以实现。为了提升效率，我们还需考虑所有相关方面的利益。农业生产流通过程的顺畅，离不开乡镇管理者的参与，他们需要增强对农民的影响力，摆脱被动接受政策的束缚，以获得最大的收益。简单来讲，乡镇管理者的参与和组织对于保证农业生产流通过程的顺畅和稳定起着关键作用。

2. 农产品的网络营销

（1）农产品网络营销的必然性

网络农产品销售是指在农产品销售过程中，全方位地引入电子商务系统，借助信息科技，发布和收集需求、价格等信息，通过网络媒介，依赖农产品生产基地和物流配送系统，开发网络销售途径并最终扩大销售规模的营销行为。在最近几年，我国的农产品直接遭遇了来自国外的激烈竞争，小规模生产与大规模市场的冲突对于提升我国的农业竞争力造成了极大的阻碍。另一方面，由于农产品制造商的现代化营销观念欠缺，农产品市场的细分程度不够，流通途径不顺畅，以及缺少有效的农产品推广策略等因素。所以，解决这些问题需要政府、农产品制造商以及农产品市场中介机构的协同合作，而网络营销的出现则为解决这个问题带来了新的可能性。网络营销的优势在于，它能打破时空的束缚，创造出更为宽广的虚拟农产品市场。这使得农业生产者无需离开家门，就能与全球的购买者进行有效的交流和讨论，从而减少了农产品的生产和销售成本。此外，农业生产者还可以利用互联网来整合各种营销活动，这种网络营销方式能够使获取农产品信息、进行在线交易支付到提供售后服务等环节一体化，构成了一个完整的营销途径。甚至，一些具有特色的农产品也能实现订单式的营销。

（2）实行农产品网络营销的重要意义

① 获取市场信息，增加交易机会

网络技术的应用，使得信息能够广泛地传播到全球各地，从而推动农产品的网络营销，借助这些高效且便利的网络工具，可以构建起农产品市场的信息系统。这样，农产品的生产者和消费者就能够实时获取关于国内外农产品的种类、数量、供需状况、价格波动等相关信息，克服时间和地点的限制，使得交易的参与方更加多样化，为农产品的生产者和消费者创造出更大的商业机会，提高交易的可能性。

② 减少流通费用，降低交易成本

通过实施农产品的网络销售，生产者能够直接与消费者互动，从而减少农产品的流通环节，这样可以缩短流通链条。许多研究都表明，通过网络发布信息和销售商品，不需要支付摊位费、产品陈列费，也不需要投入大量的固定资产，这样可以显著降低交易成本。

③ 引导科学生产，避免盲目跟从

通过进行农产品的网络推广，生产者能够直观且快速地掌握市场动态，依据市场的需求和价格波动，科学地安排生产，避免盲目生产导致的损失。

④ 打造产品品牌，树立产品形象

对比起传统的农产品销售模式，网络媒体的优点在于它的信息传播速度迅猛、影响范围宽泛、视觉冲击力强、推广费用较少。特别在互联网环境中，它的信息交流、对话以及在线展现商品形象的便捷性，对于塑造产品的品牌形象大有裨益。

（3）农产品网络营销的工具

① 淘宝系工具

A. 天猫和淘宝的区别

a. 对淘宝买家来说，天猫商城和淘宝店铺的主要区别

C2C（客户对客户）店铺，即我们经常提到的淘宝店铺，是所有人都能够创建的。然而，B2C 店铺（即天猫商城）需要以公司的身份注册，换句话说，如果没有注册公司，就无法在天猫上开设店铺。

天猫的所有产品均享受 7 天退换货服务，然而淘宝却并未实施这一政策。只有当淘宝的卖家能够自愿选择 7 天退换货服务时，消费者的权益才能得到充分的保护。淘宝的所有服务，天猫都会提供，但这并不是强制性的。

若将淘宝视为一个商业中心，那么天猫就是一个市集。在天猫市集中售卖商品时，必须支付给淘宝一定费用，而淘宝店铺则无需这样做。因此，淘宝网主要推广天猫的品牌。天猫商城能够分销，提升品牌的知名度，然而淘宝店铺却无法做到这一点。

b. 对淘宝卖家来说，天猫商城和淘宝店铺的主要区别

天猫的信誉评分没有负数，起始点为 0，最大值达到 5，对交易行为进行全方位的评估；天猫的店铺页面可以自由设计装饰，其中一些页面的装饰功能超越了常规的淘宝店铺和旺铺；天猫的产品展示功能使用 Flash 技术，全面呈现产品；天猫所有的商品都经过了商城的认证，确保了交易的信誉；天猫商城拥有常规淘宝店铺和旺铺所没有的特性；淘宝店铺是任何人都可以创建的，但天猫则需要公司身份才能注册。此外，创建一个淘宝店铺无需支付任何费用，开设难度较小，可以主动申请消费者保障保护，并支付保证金。然而，如果想在天猫商城上注册，最少需要支付 1 万元的保证金。

天猫，也被称为淘宝商城，是一个集成购物平台，由阿里巴巴创建，主要集结了线下知名品牌，是商家与消费者的交易场所。淘宝店铺是阿里巴巴创建的亚太最大的网络零售商圈，是典型的 C2C 的个人网络交易平台。天猫商家必须支付年费，年费的金额分为 3 万元和 6 万元两个档次，并且是一次性支付。如果满足返还条件，可以返还，返还的比例分为 50% 和 100% 两个档次。淘宝店铺不必支付此类费用，主要的开店费用包括保证金和付费推广等。

天猫的信誉评估方式并不一样。它使用的是一个动态的店铺评分系统，通过观察宝贝的实际状况、卖家的服务质量、快递的速度及物流公司的服务水平四个方面来衡量店铺的状况。在淘宝集市中，除了店铺的动态评分，卖家的信誉也是一个非常关键的因素，目前有四个等级：心、蓝钻、蓝冠和金冠。天猫的后台也能提供数据服务，用于数据分析，然而淘宝店铺却不能提供这样的服务。

B. 淘宝的推广方式

a. 宝贝上架时间

淘宝会根据下架时间来给页面展示的商品排序，越靠近下架时间的商品就越能被买家注意到。因此，商家会尽力让自己的商品在人气最高的时候接近下架，这就需要控制好商品的下架时间。

b. 合理设置宝贝名称

尽可能地将宝贝的名字与热门搜索关键词相结合，这些关键词必须与宝贝相关，否则将被视为违法。将大量的热门搜索关键词纳入其中，可以提高宝贝被发现的概率，从而提高其被购买的可能性。

c. 用好橱窗推荐

橱窗推荐的商品比其他商品更易被消费者搜索到，而且购买概率高出好几倍。我们必须推荐快要下架的商品，最好是既美观又实惠的商品，这样消费者才会更愿意去店里浏览。

d. 利用店铺留言进行宣传

卖家在自己的店里是可以随便留言的，要利用好留言展现自己的优势，及时发布促销信息，消费者在到达店铺后就有可能查看这些信息，从而提高购买的概率。此外，还可以在他人的店铺留言。先留言称赞店主和店内商品，接着就可以放上自己的广告信息，吸引更多的客户到自己的店里。

e. 利用好评价管理

评价管理涵盖了对买家的评价以及对我们的评价。在对买家进行评价时，可以适当地进行一些推广活动，以达到一定的宣传效果。同时，在买家给出评价后，也可以充分利用卖家解释的功能宣传推广，而不仅是在中评或差评时才解释，在好评的时候，更应该充分利用这个机会进行推广。由于许多明智的消费者在购买商品之前都会查看评价，如果这里包含广告信息，那么宣传效果将会非常理想。

f. 多搞促销活动

买家都希望买到物美价廉的特价商品。卖家可以做促销，薄利多销，当信誉提升，人气增强，未来的生意也会更加顺利。不必等到节日才进行促销活动，平时也可以通过推广活动来提升人气，只有人气旺盛，生意才会越来越好。

② 其他类工具

A. 百度搜索

百度目前是国内的主流搜索引擎，百度竞价排名推广是一种很不错的推广方式，可以通过以下几种不同的使用技巧来达到百度竞价排名推广的目的。

百度竞价排名的首页右侧提供了两种推广策略，分别为搜索推广与百度联盟推广。其中，搜索推广涉及竞价排名，百度联盟推广则指的是在许多与百度达成协议的网站上投放推广内容，并且这种推广方式会根据点击量收费。在进行百度联盟推广之前，必须首先制定出合理的每日支出计划。初期，我们可以将每日支出控制在合理区间，依据投入成果来决定是否加大推广力度，还是选择停止使用百度联盟。

设定每日最低消费和推广范围，根据需求确定所需竞价排名推广的地区，可以是某一个省份或者某几个省份，也可以是全国范围，具体取决于个人需求。接着，设定每日预算，如果是刚开始推广的账户，一定要设定每日预算，账户都是自动计费的。建议在初始推广阶段，将每日预算设置得更低一些，通过实践积累经验，根据关键字投放效果来决定投入力度，优化和调整推广策略后，再加大推广力度。

将链接指向关键字相关的产品页，提高用户体验。广告描述中尽量加入联系方式，若广告描述得贴切又具有吸引力，客户有可能会直接打电话咨询。排名第一的效果并不明显，但花费较大，在效果上其实与排在第二名、第三名的相差无几。

尽可能提升广告质量，不能盲目追求高流量和点击率，而应该寻求高投资回报率。可以在描述中明确展示产品和价格，这样可以在不浪费广告费用的情况下实现预先筛选的效果。应该尽可能地让标题和描述吸引目标用户点击，同时也能有效避免产生垃圾点击。

一般情况下，热门关键词的搜索费用相对较高。相对于追逐热门关键词，更应当寻求一些并非特别受欢迎的长尾关键词。假设能够发现几十个或者上百个，甚至上千个这类的长尾关键词，那么它们为网站提供的流量将远超过热门关键词，并且，这些并非特别受欢迎的长尾关键词的售价也相对更低。虽然广告的花费相较于热门关键词要少得多，但其实际效果却超越热门关键词。

全程监控和评估每一个投入使用的关键字的售价、观看频率及其变现能力，明确哪些关键字的观看频率更高、变现能力更强，然后依照实际的投入效果来调整和改进推广的关键字，旨在在最小的花费中获取最大的收益。

百度百科是人人都可以参与创建和编辑的，创建百度百科没有什么限制，只需要用户有百度账号即可。建立自己的百度百科，不需要花费引流费用，当创建成功之后，内容是可以不断完善和修改的。

B. 团购促销

团购模式不同于 B2C（Business to Consumer，企业对消费者）、C2C（Consumer to Consumer，个人与个人之间的电子商务）和 B2B（Business to Business，企业与企业之间通过专用网络或 Internet 进行数据信息的交换、传递）等电子商务模式，所以团购网在营销策划上应该有自己的独特性。团购网的市场推广策略，要考虑五个核心要素：商家（高质量的商家）、用户（大量的用户）、服务（客服、物流、投诉、产品质量）、模式（营销和销售方法）及品牌（影响力）。在策略层面，网站运营的初期，需要将更多的精力投入到构建广阔的市场推广渠道，寻找更多的高质量商家，积累更多的信息，构建更为精确的用户群，提升网站的可信度，并初步塑造品牌的网络影响力。在网站的运行阶段，要持续地进行模式的创新。未来的互联网发展方向是开放和整合，要把团购网打造成一个开放的平台，并提供更多的附加服务，模式创新是我们突破营销难题的最佳方法。

首要任务是制定团购网的市场推广计划，需要考虑两个方面内容：第一，明确团购网的商品、品牌和消费者群体的定位。例如，明确网站所提供的商品具备何种特性和优点，商品主要面向哪些消费者群体，网站的设计风格和用户体验是否适合这些消费者，内部模块的职责是否清晰，是否存在功能重复等问题。第二，构建一个以产品和用户需求为主导的内容架构。例如，确认内容是否与产品定位相匹配，是否对目标用户有足够的吸引力，是否采取了关键词策略，是否拥有广泛的传播渠道，是否具有独特性等。

C. 微信营销

近些年来，微信营销成为一种新型的电子商务网络推广策略，由于微信公众号平台不能在手机上注册，也不能自行添加好友。因此，微信推广面临着许多挑战。然而，我们可以采用以下推广策略来提升微信公众号的知名度，进而实现微信推广的目标。

a. 合作互推

尽管微博推广常常采用合作互推的策略，但微信的推广效果却远超过微博。在进行合作互推时，需要先积累 1 000 个粉丝，接着寻找其他人进行协助推广，只要成功一次，就能吸引上百个粉丝。这个策略可以在微博上使用，但是在微信上使用时要格外小心，如果被人举报，可能会被注销账号。

b. 基于位置服务的推广

这也是最简单的方法，即个性签名。设定一个吸引人的个性签名，然后查看附近的人。但是，由于我们周围的人数是有限的，所以仅依靠这种方式来吸引关注只在初期有效。由此，可以去不同的地方注册微信账号并查看附近的人，地址信息会保留大约一个小时，如果运气好，可能会获得 30 人以上的关注。

c. 线下推广

线下推广模式指通过实体店、地铁口、广场等人流量大的公共场合进行推广的方式。如一个以吸引粉丝为目的的微信推广方案，可以与电信运营商合作，为某个火车站广场或汽车站广场建立 Wi-Fi，并且为其设定一个密码。同时，在所有明显的位置放置已经打印好的微信二维码。当微信用户扫描这些二维码关注公众号后，只需要发送特定的口令，就能获取 Wi-Fi 的密码，这样每天可以增加上万名粉丝。

d. 活动推广

活动推广方式可以分为网络和线下两种，网络活动有很多不同的方法。例如，在微博上发布活动，关注者评论、转发有机会获得礼品。或者在微信上发布活动，推荐给身边的朋友就能获得折扣和礼品等。微博还可以作为一种线下推广活动的辅助方式，如餐厅可以通过推广自己的微博号来吸引顾客。只要顾客关注微博，就能享受折扣或者获得特色菜品等优惠。

D. 微博营销

目前，微博营销仍在探索中，可以参考新浪微博企业营销的成功实例（如肯德基、东方航空、长安福特等），并结合微博的一些独特属性，全面发掘微博营销的潜力。

首先要根据农业企业的形象定位和目标人群设定微博头像，一般为农业企业 Logo，保持头像色调和农业企业 VI 色调的一致，设置的农业企业名称与公司品牌相符，同时设置农业企业的介绍和网址等。

其次要发展粉丝，一定规模的粉丝数量是进行微博营销的前提，在农业企业开通微博之初应如何快速发展粉丝呢？

第一，创建一个真实且亲近的个性化头像。这个头像可以包含农业公司的标志、法人代表、形象代言人、卡通角色等元素，让粉丝感到真实和亲近，仿佛有一个生动的生命在与他们交谈。

第二，微博的内容应该简洁且具有吸引力。常言道："言辞不在多，精练为上。"用 140 个字去打动网友，说易不易，说难不难。除了大家喜爱的内容，如果能将自己生活的精彩瞬间分享给大家，不仅能够赢得持久的关注，还能提升粉丝忠诚度。

第三，添加主题，寻找组织和个人，常用"#、@"等符号。在微博博文中使用#为内容设定一个主题，能吸引更多的人。因此，选择一个大家都熟知的主题名称会产生很好的效果。首先，可以搜索相关的关键词。如果已经存在相关的热门话题，那么使用同样的主题名称可以产生良好的效果。

第四，维持微博更新和互动的适当频率。维持一个适当的更新频率可以提升粉丝的忠诚度。当然，频率过高也可能对他人造成干扰，甚至有被列入黑名单的风险。

第五，为微博添加适宜的图片。一条成功的微博，如果配上适当的图片，会更加互补。同时，图片更易于被阅读，通常一张有趣的图片被转发的可能性超过一条有趣的纯文字微博。

E. 视频、微电影营销

商业定制的农产品微电影，实际上就是一种加长版的广告。然而，新媒体的特殊性使得传统媒体播放的广告内容和表现方式无法直接用于农产品微电影中。为了吸引众多且口味各异的新媒体观众，农产品微电影需要做足功课，其商业价值和营销模式还需要进一步开发，无论是形式还是内容都需要依据媒体特性和观众需求创新，也需要更多的在线和实地活动的协同。

第一，要深度展示公司的品牌文化和产品需求。巧妙地把品牌和产品需求融入一个优秀的故事中，使得故事的主题变成品牌的核心理念（或者说是价值观），这就是农产品微电影的主要特征。对于市场推广来说，农产品微电影不仅是一个关注焦点，也是一个有效的工具。通过微电影营销，我们可以让农产品品牌在市场中得到充分的关注，打动消费者的内心，让他们体验到品牌的价值和含义，从而提高品牌的吸引力。

第二，将娱乐和广告深度融合，并专注于后期的推广。农产品微电影的运营方式与传统电影有很大的区别，目前，我国的农产品微电影的制作方法和步骤主要分为两种：一种是由广告代理商提供创意大纲（脚本），然后由制作公司组织团队进行制作。这种方法制作成本相对较高，更加侧重于以客户为中心。另一种是广告商通过视频网站进行网络推广，这种方式的优势在于，它的制作成本更低，并且有更多的创新可能。与电影相比，农产品微电影的投资成本更低，然而，它的开销集中在后期的推广。由于农产品微电影的营销依赖于众多的团队，包括客户、制片商、视频平台和公关机构的配合。因此，一支高效的团队构成了农产品微电影营销的根本。

在推广方面，农产品微电影通常会在各大知名视频网站的主要位置播放。公众对农产品微电影的期望是在享受娱乐的同时，也能获取到公司品牌的信息，因此，农产品微电影的推广必须将广告和娱乐结合起来。

第三，减少产品的重要性，突出品牌。品牌营销的核心就是打动人们的心，把品牌所提倡的理念推广至各个阶层，这才是品牌营销的成功之处。农产品微电影营销正好实现了弱化产品重要性、突出品牌的目的，使品牌的深层精神打动他人，影响社会，而不只是产品的个性化展示。将农产品微电影与广告相融合，在制作的早期就融入广告的要素，这样就能打破过去在影片制作后期强制加入广告的传统模式，以免观众对此反感。尽管它在线上播放，也能产生庞大的点击量。农产品微电影营销应该努力触动观众，引发他们对品牌的热爱，并进一步建立他们对品牌精神的理解，而非仅展示产品自身的吸引人之处。实际上，把品牌感受从商品感受提升到情感感受，甚至提升到心灵层面，就是农产品微电影营销策略的核心。

（4）推进农产品网络营销的对策

① 加强农村网络工程建设，提高网络普及率

近些年，政府与电信公司在农村地区的网络基础设施建设上投入了大量资源，使得农村的网络环境有了显著的改善。然而，仍有一些农村地区的网络建设尚未完成。此外，尽管一些地方能够接入互联网，但其网速却相当缓慢，网络运行效率也相对较低，这极大地降低了网民的参与度。政府有责任为农民提供更优质的网络环境，增加对农村网络建设的资金支持，持续改善农村的上网条件，同时优化农村网络带宽服务，加速农村互联网的发展，以此来进一步提升农村互联网的普及程度，减少与城市之间的差异。

② 改善上网设备，降低上网成本

网络基础设施是农村地区网络营销推广的关键。一方面，政府需要积极执行"电脑下乡"的政策，优化农村网民的上网设备。目前，农村地区的电脑使用率还相对较低，许多农民因为缺乏电脑等上网设备，无法接触并利用互联网。因此，应该将优惠政策执行到位，根据农村地区的消费能力和消费习惯，提供更具实用性的设备和更经济的价格，以满足农村地区对于电脑等上网设备的需求。另一方面，农村公共网络设施的建设需要加强。目前，农村学校、网吧等公共设施的上网环境远不及城市。政府应该增加对农村公共

网络设施建设的投资，同时，企业也应该重视自身的社会责任，共同努力改善农村地区的公共网络环境。

③ 完善农产品物流配送体系

网络营销的核心环节就是物流配送，它直接影响着消费者的消费体验，其效率和安全性对于农产品的网络营销有着决定性的影响。然而，农村地区物流设施的落后，以及许多偏僻的山区缺乏物流配送，这已经成为阻碍农村农产品网络营销发展的主要因素。目前，我们可以考虑让第三方物流公司来提供农产品的物流服务，这可以依赖于批发市场的资源，也可以通过买卖双方的协商来实现。另外，物流配送也需要充分考虑到农产品的独特性，采用如保鲜等先进的技术，对农产品进行适当的储存和运输，确保物流的及时性和流畅性，以确保农产品能够新鲜上市。

④ 加强农产品网络营销人才的培养，提高农民信息化能力

对于农产品网络营销，拥有专门的网络营销人员至关重要。然而，现阶段，面临着人才缺乏问题。因此，各个地区的政府应该对农村职业教育加大投入，设立如农村技术培训课程、农民夜校等多种形式的农村职业教育培训项目，并为农民提供专门的技术培训，从而提升他们在互联网、商务、市场营销及现代化农业方面的知识掌握程度。同时，也应该真正强化他们的信息意识，并增强他们的信息收集、分析和应用的能力。要积极引入和培育众多专业的农产品网络营销人才，以此来确保我国的农业互联网推广行业的稳固发展。唯有通过构建专业团队，提升农民对互联网的认知水平，并最大化地运用互联网的信息资源，我们才可以推动农业互联网推广的步伐。

⑤ 提高农产品品质，加快制定农产品标准体系

为了满足农产品在线销售的需求，政府需要增强在农产品规范化方面的资金支持，加速构筑农产品的种植、生产、包装等标准体系，将规范化生产与管理融入农产品的整个生产与销售流程中。应深度剖析并吸收国际上的优秀农产品标准，以此推动中国农产品规范化的步伐，并提升中国农产品规范化的质量。需要积极推行农产品认证、风险评估及重要管理点认证，以此来

提升农产品生产的规范性并执行品牌策略。应推动农产品从种植到包装的规范化，并致力于优化网上市场环境。例如，农村合作社、农业合作社等，与农民建立牢固的合作关系，并将获取更多的收益作为其合作的首要任务，从而合理规划每个农民的耕作时长。同时，进行统一的技术引领、销售策略制定、品牌建设，还对农产品的质量进行严格的监管，并且不断提升其科技含量，使其能够在激烈的市场竞争中保持卓越的品质，从而推动中国的农产品在线营销推广与发展。

⑥ 建立安全可靠的信用支付体制

网络科技及信誉对于在线交易起着至关重要的作用。通过增强科技支撑、优化信用体系及制定相应的法律条例，我们能够有效地维护农产品的制造商以及购买者的权益。

（5）充分利用网络资源开展多样营销活动

① 农产品信息发布

农业推广人员能够在企业网站上公开农产品的相关资讯和服务，以此来吸引顾客；也可以在关键的会议、公共资讯、政府及非营利性活动中展示广告赞助页面，并在这些页面上设置一个超级链接，直接对应到他们的企业。需要强调的是，农产品的信息公开应当具有全面性和即时性，并且要保持实时更新，以便消费者能够获取到农产品的供应情况并进行预订。

② 农产品网络调研

网络调研不仅有助于获取市场动态，如全国的市场数据、供求状况和价格趋势，从而有助于设计种植、生产和销售的策略；还有利于识别出潜在的消费者群体，并通过收集消费者的反馈信息，了解他们对农产品的满足度、消费习惯和对新产品的反应等。

③ 农产品网上直销

农产品的网络销售方式多种多样，既可以在自家的网站上直接销售，也可以加入电子商城，让消费者在浏览时自由选择。当他们决定购买时，可以在线完成购买流程。

④ 农产品网络促销

尽管大部分农产品都能被消费者所知晓，但网络推广和宣传依旧是必不可少的。我们还应该运用网络营销的方式来推广，例如，通过网络广告、利用网络聊天工具与客户交流以理解他们的需求、与非竞争对手建立在线营销联盟，或者使用微博营销和电子邮件营销等方法来吸引消费者。

⑤ 加入专业经贸信息网和行业信息网

目前，众多专业的经贸信息网已经提供了丰富的农业资讯。同时，一些涉及农业的行业信息网也相继涌现，如中国农业信息网。此外，各个省份和城市也建立了自己的农业信息专属网站，以便提供关于农产品的供需信息。这些行业信息网的目标设定非常清晰，其内容也十分专业且实用，只要注册成为该网站的会员，就能发布供需信息，从而为农产品交易的双方寻找合作伙伴提供了一个简单、高效的平台。

尽管农产品网络营销仍存在许多限制和阻碍，但随着政府对其的持续扶持以及消费者观念的逐渐改变，它将在我国的农产品市场上展现出更强的正向影响。

3. 农产品营销战略与策略的创新

（1）营销实操策略

① 反季节化策略

农业产出的季节特点与市场的平衡需求之间的冲突，导致了季度性的价格波动，这里面潜藏了巨大的商业机会。如果想要充分挖掘并运用这个商业机会，需执行"逆时间供应高额收益"的战略。逆时间供应的方法主要包括三个方面：首先，采取机械化的种植和饲养方式，让产品能够提早投放市场；其次，借助储存和保鲜技术，将农产品的销售周期从生产高峰时段转移到生产低谷时段，或者在消费高峰时段进行销售；最后，研究并开发出能够适应各个季节的农作物品种。

② 高品质化策略

随着人们生活质量的持续提升，人们对于农产品的品质要求也在逐步上升，追求高品质、低价格的趋势已经变得日益明显。若想让农业发展更高效，就需要确保农产品的优良品质，并执行"高品质、低价格"的高产量、高效率的战略。应将引入、培养并普及高品质的农产品视为一项关键的商品市场竞争战略，剔除低质量的品类和过时的制造方法，通过质量获得竞争力。

③ 大市场化策略

在进行农产品的销售时，需要基于当地情况，密切关注周围的市场，并且从全球市场出发，去探索可能的商机，以及争取更多的商机。在进一步扩展农产品的市场时，需要建立对大型市场的认识，执行有效的商业推广策略，确定商品销售区域，并根据这个区域的消费者喜好，制造出能够满足他们需求的优质商品。

④ 多样化策略

消费者对农产品的多元需求决定了生产商的多样化选择，应根据市场需求和客户需求，制造出多样化的产品。应采取多样化策略，以满足消费者的多层次需求，开发更广大的市场，降低市场风险，提升整体效益。

⑤ 低成本化策略

价格是市场竞争的关键因素，相同质量的农产品如果价格较低，那么其竞争优势就会更加明显。生产成本构成了价格的根基，只有通过减少成本，才能执行价格竞争战略。为了提升市场竞争力，必须采取低成本化战略。需要推动农产品的大规模和高效率生产，尽可能减少每个产品的生产费用，从而以较低的成本来保证较低的售价。

⑥ 鲜嫩化策略

人们的饮食习惯正在悄然转变，开始将粮食视为蔬菜，黄玉米被青玉米所取代，黄豆被青毛豆所取代，蚕豆被青蚕豆所取代，市场上出现了对鲜嫩食品的追求潮流，农产品的生产和销售应该适应这种变化。

⑦ 地理标志化策略

在最近的几年里，人们的消费趋势已经由过度追求外来文化转变为对自然美食的热衷，更偏爱土特产，甚至喜欢食用野生蔬菜。因此，市场对于土特产的开发提出了更高的要求。需要研发出品质上乘、口感独特的土特产品，同时也要推广野生蔬菜，通过这些特色优质的产品来争夺市场份额，扩大市场，以满足日新月异的市场需求。

⑧ 标准化策略

我国的农产品在全球范围内与其他国家的农产品展开了激烈的竞争。为了增强其竞争优势，我们需要尽快构建一个农业标准化体系，并推动农产品的标准化生产和经营。同时，我们需要制定和完善产前、产中、产后标准，以此来构建一个农产品生产标准化体系，并通过这种方式来打造出具有标准化特色的农产品，从而赢得市场。

⑨ 加工化策略

农产品加工，不仅是为了满足市场营销的需求，也是为了增加农产品的附加价值。以食品工业为核心的农产品加工已经成为全球农业发展的新趋势和新潮流。

⑩ 品牌化策略

一是要提升农产品的质量，增强其品质，以此来打造品牌；二是要优化包装，使农产品的外观更加美观，以此来树立品牌形象；三是要进行农产品商标的注册，以此来提升品牌知名度，打造品牌；四是要加大宣传力度，塑造公众形象，以此来打造品牌，利用知名品牌产品来拓展市场。

（2）农产品战略定位和营销创新

根据传统的农业销售理论，农产品的生产和管理主要是通过储藏和运送、宣传和推广等方式来增加销量。而现代的农业市场销售理论是根据目标消费者的需求，采取全面的营销方法和策略，并且不断改良，持续创新，先于竞争者更高效地满足目标市场的需求，从而实现公司的发展和盈利。在农产品的市场推广中，应该充分考虑到其独特的属性，同时也应该融入现代市场推广的"IOPS"模式，包括市场研究、市场划分、市场首选、市场定位、商品策略、价格策略、流程策略、推广策略等，从而确立我们的战略定位和推动营销创新。

第一，农业作为一个弱势行业，需要得到政府的产业发展政策援助。因此，经营者必须主动并充分地利用政府的资源，以获得产业援助、渠道建设以及推广宣传方面的支持。此外，对于农产品的市场推广，更应关注如何增加其附加价值，除了满足消费者的基础需求，还需要进一步挖掘产品的潜力，以满足消费者的额外需求。比如，通过优化生产流程，能够制造出环保的、有机的农产品，以满足公众对食品安全的期望；通过对农产品的深加工，能够满足公众对健康和方便食用的需求；通过探索农产品所处的地域和历史文化，能够满足公众对于美食文化的追求；通过优化产品的外观包装设计，能够满足公众将农产品作为礼物的期待。简而言之，精确理解农业的行业属性，持续满足消费者对农产品独特需求，是当前农产品市场推广的关键。

第二，必须高度重视策略性营销，妥善运用"市场调查""市场划分""市场优先"和"市场定位"的策略性组合。农业产业化经营的成功离不开对农产品消费需求的深度研究和详细分析，通过市场调查，找出潜在的市场需求，抓住市场机遇。依据一些具体的变量来划分市场，并对比和评估，筛选出目标市场，根据它的需求特性来开发适合的产品，设定适当的价格、销售渠道和推广策略，以达成预定目标。

第三，要最大限度地运用"产品策略""价格策略""渠道策略"和"促销策略"这四种策略的策略组合。这四种策略之下又各有多种子战略，例如，产品策略涵盖产品组合策略、新产品研发策略、包装策略、品牌策略和产品的生命周期策略等。所以，有效的市场推广并非只依赖四大战略的适时应用与持续革新，更重要的是适时地应用并有效地整合各种子战略，构建出动态的改进方案，以便满足消费者的需求。

第四，实施农产品的品牌化营销策略。农产品品牌建设和管理创新是农产品进军国际和国内市场的必然方向和关键步骤。农产品生产过程具有极大的开放性，产品的差异性微乎其微。因此，对于区分农产品的质量并增加其附加价值，品牌建设的重要性不言而喻，它不仅是应对激烈的市场竞争的重要基础，同时也是解决农产品销售困难，增加农民收益的关键路径。

创建农产品品牌具有其自然属性和市场属性。一些农产品的品牌与地方特色和历史文化有着密切的关系，这就需要地方经营者进行适当的开发和管理。像"西湖龙井""荔浦芋头"和"陕北大枣"等品牌，就是很好地运用了本地的地域品牌，在与同类商品的竞争中，赢得了市场更多的认可和喜爱。市场化品牌的建立，大部分是由于农产品销售公司的规模逐渐扩大，为确保并维护其在市场上的领先地位，赢得消费者的信赖和对产品的忠诚而进行的，如"福临门"食用油、"阳澄湖"大闸蟹、"果园老农"干果等。通过构建和管理品牌，可以让公司在市场上获得更多的隐形价值，这是应对农产品同质化问题和恶性价格竞争的关键策略。

农产品品牌的构建，是农业从传统的自给自足小农经济向现代农业转型的关键标志。如果农产品想要更广泛、更持久地进入市场，就必须以一种新的方式和形态出现，品牌无疑是最适合的市场载体。农产品生产商通过塑造农产品品牌，展示了与竞争对手的差异性，有助于消费者识别和增加对自身品牌的信任度。

第五，实施农产品的深加工策略。这指的是将农作物的可食用部分和动物的肉类作为基础，利用特殊的工艺手段进行处理，从而改变它们的外部特征或者内部特征的物质和化学操作。另外，还包括运用特殊的管理方法，将它们从基本的产品升华到最终的商品，是一个将农业生产和人们的日常需求相结合的运作流程。目前，只有极少数的农产品有资格被用于日常消费以及工业制造。所以，这些农产品的深加工成了关键。这一过程，既是农业行业的扩展，也是提升农产品价值的重要步骤，对于任何一个经济实体来说都至关重要。众多的案例都证明，农产品的加工能够提升价值，而农民们投资创办加工公司不只是为了提高农产品的价值，还能从中获取利润。农产品加工也在推动着农产品市场的扩大，不应该忽略这一点。

第六，农产品包装策略。在当今的商品经济环境下，包装扮演着极其关键的角色，它的质量决定了商品是否能够以最佳的方式被消费者所接受，而包装的设计与水准也直接关系到公司的形象，甚至是商品自身的市场竞争力。随着公众生活品质的提升，传统的购物习惯和生活模式的转变速度越来越快。为了适应这一转变，包装设计的一项关键职责就是更好地满足消费者的身体和精神需求，通过更具人文关怀的包装设计使得人们的生活更加舒适。所以，在农产品包装过程中，需要设计出适当的策略，因为采用不同的包装方法会带来各异的包装成果。

第七，农产品绿色化战略。这种战略是在面对严峻的环境问题时出现的。绿色营销指的是，为了达到经济效益、消费者需求与环保利益的平衡，市场参与者通过创造并识别市场机会，运用适当的市场营销策略来满足市场的需求。现在，全球公众对食品安全的关注度不断提高，环保意识也在快速增强，人们普遍希望能回归大自然，享用无污染的绿色食品。绿色农产品有助于增强人们的身体素质，改善生活环境。当前，人们对绿色农产品的喜爱程度日益提高。在 21 世纪初，我国已经全面启动了"开发绿色路径，培育绿色市场，推广绿色消费"的"三绿工程"。必须紧紧抓住这个机会，唱响绿色主题，大力推进无公害蔬菜、家禽和蛋类产品的发展，推动农产品的绿色销售。

第八，实施农产品体验营销的战略。农产品在消费者的日常生活中起着重要作用，其直接影响着消费者的身体状况、个体安全感和快乐程度等，产品自身的体验性质和增值性质也会对消费者的购物体验产生影响。例如，绿色农产品既象征着健康的生活方式，也包含了简洁的时尚风格，更进一步，它能够引导热爱生活、热爱社会，而这种情感的体验其实已经成为日常生活的重要组成部分。此外，也能够通过提供个性化的产品与服务，如为消费者提供 DIY 服务，并且控制产品的数量，让消费者能够享受到其独特性。

我国在构建新型农产品营销体系时必须完善相关的政策措施，加大监控力度，建立健全农产品质量安全保障体系。农产品的营销体系，除了确保质量安全之外，还应该做到有序，即竞争公平，信息公开，交易秩序井然，杜绝欺行霸市、不公平竞争的现象。为了提升中国农产品在全球的竞争力，我们需要主动塑造中国农产品的品牌形象，并对其进行适当的市场定位。同时，要执行农产品品牌化和高品质化的策略，摒弃传统的包装理念，并确立农产品的绿色营销理念。作为现代化的营销工具的网络广告，已经变成了全球营销公司最简单、最高效的推广策略。所以，需要建立起网络营销的竞争理念，通过使用网络广告等信息工具，来提升农产品品牌的知名度，从而提高销售收益。

三、新型农业经营主体带头人的作用

新型农业经营主体带头人的引领，可以有效地解决贫困农户在参与农业产业发展过程中遇到的各种问题。例如，过去一些地区利用扶贫资金，免费向贫困农户提供种苗，但农户缺乏种植和养殖技术，常常导致种子无法播种、养殖效果不佳，产量不高，收益也不理想。对于解决这个问题，新型农业经营主体带头人有很大的作用：在种植前，他们可以提供高质量的种苗；在种植过程中，他们可以通过标准化、规范化和常态化的方式来为贫困户提供技术培训和上门指导，并推出技术示范样板；在种植后，他们可以帮助贫困户扩大销售渠道，增强他们的脱贫和致富信心。

新型农业经营主体带头人的领导，能够推动产业精准扶贫的创新。在互联网的时代，距离并非难题，产品才是关键。贫困地区的独特自然环境是其最大的资源优势，可以充分利用这些优点，同时也应该努力推动生态种养循环农业的发展。近些年，长沙的一些省级贫困村借助新型农业经营模式，开展了"水稻＋稻田生态高效种养"、林下养鸡、果园养鸡等活动，其收益相当可观。通过发展生态种养循环农业，完全能够达成我国所设定的零化肥农药增长目标；将种植和养殖融为一体，不仅符合生态农业和循环农业的发展趋势，同时也有助于贫困地区更好地利用资源，实现生态价值的提升和贫困人口的脱贫。例如，实施"水稻＋鱼虾菜果"的三维生态种植，充分利用了稻田、水域和田埂这三个空间，达到了田园风光、产业发展、生态环境和效益提升的目标。对于耕地面积有限、土地资源稀缺的贫困地区，这是最实际且最易于实现的生态农业模式之一。

针对新型农业经营主体带头人在产业精准扶贫过程中的"帮助贫困者走

向富裕"的独特价值,一方面根据"规模化、专业化、标准化"的发展策略和"有理想、有情感、有抱负、懂技术、会经营、善管理、有效益"的标准,来培养贫困地区的新型农业经营主体带头人团队;另一方面鼓励新型农业经营主体通过"公司+农户""合作社+专业大户""家庭农场+贫困户"等多种途径,来建立标准化、规范化的农业产业化示范基地。这不仅能让龙头企业获取高质量的农产品原材料,还能提高贫困家庭的生产效率。要促进新型农业经营主体与农户之间建立紧密的利益关系,通过实施医疗保险购买、股权分配、利润返还等策略,让农户能够更多地分享加工销售的收益,从而真正提升新型农业经营主体带头人在产业精准扶贫中的领导和推动能力。应该推动建立一个包含优质种子展示、农业机械操作、抗旱排涝、全面防治、农资供应、产品销售等多种服务的多样化、多种类型的农民专业合作社,以此发挥贫困地区农民合作社的引领作用。

在塑造新型农业经营主体带头人的同时,要专注于贫困地区新型农民的培养和持续服务,以确保培养目标的精确性和培养机制的持久性。我们需要通过农业职业教育和培训,来提升新型农业经营主体带头人的生产技巧和经营管理能力;围绕产业精准扶贫项目,为建档立卡的贫困家庭提供具有针对性的种植、养殖、加工等技术培训。要将培训的内容与产业的发展以及职位的需求相结合,采取专门的、系统的方式来培训,以此来有效地提升贫困农民的职业技术能力,并确保他们学到知识、技能,提升能力,脱贫致富。我们需要重点关注在传统的农民培训如经营管理和市场营销方面的不足,通过精细化培养、持久管理以及大规模支援,使新一代的农民真正转变为助力现代农业发展、推动产业精准扶贫的关键力量和活力源泉。

第二章 培育新型农业经营主体的总体思路和主要路径

本章为培育新型农业经营主体的总体思路和主要路径，主要介绍了三个方面的内容，依次是基本原则、发展目标和主攻方向、基本支撑和发展路径。

第一节 基本原则

一、坚持乡村振兴战略引领

乡村振兴战略作为国家层面的战略性制度安排，无论是在理论层面还是在实践层面都具有革命性意义。农民是乡村振兴战略的主体，农民就业增收的一个重要平台就是新型农业经营主体，广大农民是乡村振兴战略的受益者、参与者和实践者。乡村振兴战略能否顺利实施，不仅取决于各级党委政府的正确领导和组织推动，更取决于亿万农民群众参与建设的积极性、主动性和创造性。乡村振兴战略能否落地生根，关键是能否让农民充分就业、持续增收。在当前条件下，种养大户、家庭农场、农民合作社、农业产业化龙头企业等新型农业经营主体，是促进农村居民就近就地就业的主渠道，也是提高农村居民经营性收入和工资性收入的主要途径。据国家有关部门统计，全国仅农民合作社就吸纳 1 亿农户就业，占我国农户的四成以上。农村经济是乡村振兴战略的依托，新型农业经营主体是农村经济健康快速发展的重要载体。尽管农业和农村经济呈现出一二三产业融合的趋势，但是在现阶段，种植业和畜牧业仍然是农业和农村经济的主体。以黑龙江省为例，种养大户、家庭农场、农民合作社等新型农业经营主体突破 20 万个，带动 200 亩以上土地规模经营总计 1 亿多亩。这些新型农业经营主体在当前农业和农村经济发展中发挥着生力军的重要作用。农村改革是乡村振兴战略的活力源，农村经济深化改革的重点之一是新型农业经营主体的创新发展。如果说 20世纪 70 年代末 80 年代初的家庭联产承包责任制是我国农业和农村改革的发端，那么发轫于 21 世纪初期的新型农业经营主体则是我国农业和农村改革的进一步深化。新型农业经营主体本身就是改革创新的产物，并且正在引领和承担着当前农业发展和农村改革的重要力量，对它的培育和发展也是未来一个时期农业和农村改革的重要内容。坚持农业农村优先发展、巩固和完善农村基本经营制度、保持土地承包关系稳定并长久不变、深化农村集体产权制度改革、实行农村土地"三权分置"、构建现代农业产业体系、促进农村一二三产业融合发展等改革措施，都与新型农业经营主体的改革发展息息相关。

二、坚持农业供给侧结构性改革方向

深入推进农业供给侧结构性改革，以完善产权制度和要素市场化的配置为重点，进一步深化农村改革，是今后一个时期农业和农村改革的重点。从生产层面看，要继续推动规模化经营、集约化生产，降低成本，提高效益，着力解决"耕地如何转""农民何处去"等问题；加快推进"三权分置"，深化土地制度改革，加速推动土地流转，赋予农民更多的土地财产权；加快推进农民市民化改革，帮助转移出来的农民获得土地财产权收益；加快城镇化发展，通过户籍制度改革和社会保障制度的衔接配套，让农民获得等同于市民的公平待遇，真正融入城镇，公平分享城镇化发展成果。从经营层面看，加快新型农业经营主体建设，需要进一步把分散的农户组织起来，加快推进农业专业生产，着力解决"谁来种，怎么种"的问题，加快实现小农户和现代农业发展有机衔接；进一步深化行政管理制度方面的改革，解决农业生产跨所有制、跨区域的合作障碍；进一步完善农业职业教育体系，加快职业农民培训进程，推进农业生产者向职业农民身份的转变。从市场层面看，农业具有基础性和外部性特点，受外部市场影响较大，既要在"三农"方面系统发力，继续深化农产品价格形成机制改革，统筹推进农业社会化服务体系、农村金融服务体系、农村保险体系建设；也要在城乡融合上重点发力，建立健全城乡融合发展的体制机制和政策体系，加快推进供给侧结构性改革，推进美丽乡村建设，面向市场需求，提供更多更好的有效供给。

三、坚持粮食安全、食品安全、生态安全优先

农业是立国之本，强国之基。新型农业经营主体是农业生产、经营和服务的基础，在农业和农村经济社会发展中处于核心位置。在新的历史阶段，新型农业经营主体必须担负起保障粮食安全、食品安全、生态安全的重大历史责任，坚守保粮重任，确保粮食安全。我国是人口大国，用全球 7%的土地养活了全球 22%的人口，创造了粮食生产供应的奇迹。从粮食需求增长的几个关键驱动因素来看，中国的人口规模、消费结构、城镇化水平都还没达到峰值。据预测，中国人口规模将在 2030 年左右达到 14.5 亿人的峰值，届时，城镇人口激增，消费结构升级，粮食供给紧平衡状态依然存在。进入 21世纪以来，通过培育新型农业经营主体，发展适度规模经营，粮食安全得到了基本保障。我们要加强外部监管，形成职责明晰的产业体系，坚持走质量兴农之路，着眼构建覆盖生产、加工、销售全过程的食品安全体系，实现"从田间地头到餐桌"的可追溯全流程安全。培育这一主体需坚持生态安全，守住绿水青山。新型农业经营主体既是美丽乡村的建设重要力量，也是受益主体，要以"生态好、农民富、乡村美"为方向，促进一二三产业融合发展，将环境优势转化为产业优势；大力推进"田园综合体"建设，打造城市的"后花园"；减农药、减化肥，实行休耕轮作，不断改善和提升耕地地力；加强环境问题的管控和修复，妥善处理好生产发展和资源承载、环境保护、生态修复之间的关系，严控农业内外部污染，促进农业资源永续利用，为后代守住绿水青山。此外，还需保障产业安全，实现稳步发展。规范发展种养大户、

家庭农场、农民合作社，依法管理"超级社""联合社"和农业产业化龙头企业，进一步做好内部的风险评估和风险防控工作，不断优化内部管理体制和利益联结机制，不断加强金融贷款和农业保险支撑，着力完善科技创新和服务体系建设，着力加强职业农民培训和人才队伍建设，实现产业安全。

四、坚持政策的稳定性、连续性

稳定的支持政策是促进农业发展的强劲引擎。新时代的农业政策特别是新型农业经营主体政策的制定，要坚持稳中有进、改革创新，始终保持政策的稳定性和连续性：（1）稳定是基础。中央农村工作会议精神强调，农业是基本盘，稳定很重要。这里讲的稳定，第一个是家庭承包经营的基本制度要稳定，不能动摇；第二个是农户是经营主体的基本单元，必须尊重农民的意愿和主体地位，政策出发点及立足点要稳定，不能动摇；第三个是以适度规模经营为主要方向和发展目标要稳定，不能动摇；第四个是新型农业经营主体作为农业生产的生力军地位要稳定，不能动摇。（2）创新是动力。新型农业经营主体要继续发挥整合带动小农户的作用，提升小农户组织化程度，把小农生产引入现代化农业发展轨道；要加强自身建设，不断适应现代化农业的发展需求，在扩规模、降成本、提质量、增效益方面下功夫。以思想创新、方式创新、方法创新来改造既有的经营主体，如通过"种养结合、产业化联合"等方式，激发发展活力；以思路创新、理念创新、模式创新来培育新的经营主体，鼓励"互联网＋"销售、"共享农机"等新业态，以互联网为纽带，促进农业与其他产业跨界融合，增添发展动力。（3）改革是根本。面对新形势、新变化、新挑战，既要通过不断改革来促成稳定的发展局面，也要以改革的方式来不断化解发展中出现的新问题和新挑战，实现生产力和生产关系的优化配置，推动经营主体稳步快进、高质量发展。

五、坚持市场导向、利益联结

完善利益联结机制、规范管理运行方式是新型农业经营主体长远稳定发展的关键，也是其吸纳城市工商资本注入、与外部市场对接的前提。顺应趋势，用现代企业制度规范引领。各种类型的新型农业经营主体虽然没有明确地定义为企业，但严格来说，不论是基本农户、种养大户，还是家庭农场、农民合作社、农业产业化龙头企业，都是独立的生产经营主体，也是独立的市场主体，尤其家庭农场、农民合作社、农业产业化龙头企业都是需要工商注册的法人主体，其本身具有企业特征。因此，未来一个时期，必须引入现代企业理念，用现代企业制度规范新型农业经营主体的发展，促进"个体向整体集合、组织向企业演变"，以制度化推进经营主体的市场化、规模化、集约化和现代化进程。立足长远，以共赢共进的机制带动利益联结。利益联结是新型农业经营主体经济属性的重要体现，经营主体要牢固树立共赢共进的发展理念，科学合理地制定利益联结机制，实现"利益共享、风险共担"，保障农民的根本利益，实现自身的长远利益。要通过紧密的利益联结机制，吸引更多的农户参与新型农业经营主体发展，倒逼利益联结机制优化升级、调整完善。立法建制，用法律法规保障利益联结。2017年12月，已施行10年的《中华人民共和国农民专业合作社法》（以下简称《农民专业合作社法》）进行了修订：一是取消同类限制，明确了业务范围；二是允许农民专业合作社内部开展信用合作；三是增设了农民专业合作社联合社章节；四是规范了农民专业合作社发展的新规定。新修订的《农民专业合作社法》为未来一个时期农民合作社健康发展提供了法律依据。2017年5月，中共中央办公厅、国务院办公厅印发的《关于加快构建政策体系培育新型农业经营主体的意见》，是新型农业经营主体的基本政策框架依据。近年来，为支持新型农业经营主体的健康发展，各省、市、县也出台了一大批相应的支持鼓励政策。应该说，新型农业经营主体的法律法规、政策体系已经基本形成。今后一个时期，新型农业经营主体依法开展生产经营、依法进行规范管理、依法处理纠纷维权、依法实现扩张发展，将成为一种方向和趋势。创新思路，用信用体系建设推动利益联结。近年来，新型农业经营主体违约问题，还不同程度地存在，应该引起高度重视。2016年，国务院办公厅印发了《关于加强个人诚信体系建设的指导意见》，将诚信体系建设摆上了重要位置，成为国家行为。要紧紧依靠国家和全社会的诚信体系建设，加快推进农村特别是新型农业经营主体和农户的诚信体系建设，增强社会成员诚信意识，加强个人诚信体系建设，褒扬诚信、惩戒失信，提高全社会信用水平，营造优良的信用环境。

六、坚持农牧并重、多元融合

在坚持家庭承包经营的基础上，培育从事农业生产、营销和服务的新型农业经营主体，是关系我国农业现代化的重大战略。新型农业经营主体要以种植业为主，但也要兼顾农业和农村经济的方方面面。坚持农牧并重，共同发展。在实践中发挥作用较大的新型农业经营主体，包括种养大户、家庭农场、农民合作社、农业产业化龙头企业，主要集中在种植业方面；而对于占农业半壁江山的畜牧业的家庭牧场、家庭养殖场、现代化牧业养殖基地等的政策支撑体系还不完善。养殖业和种植业是农业生产的两大支柱，发展新型农业经营主体，要将养殖业放在同等重要的地位，给予同等的政策优惠，出台更具针对性的支持政策，推动种养结合、农牧一体、资源循环、绿色发展。坚持优势互补，均衡发展。近两年，"鸭稻""蟹稻"等种养结合、循环发展的模式，已经得到了市场的普遍认可，在种植业生产上实现了提质增收，在绿色养殖上实现了锦上添花，在产业内部又实现了资源最大化利用。与之相类似的"青贮养牛""生态养猪"等种养结合模式，正在大范围推广，为粮食类经营主体开辟了"第二战场"，为化解产能谋出路，为种植结构调整找方向。坚持互联互通，融合发展。农村一二三产业融合，已经成为一种趋势。特别是在"互联网＋"的带动下推进产业融合，更能达到事半功倍的效果。新型农业经营主体应该抓住这一历史机遇，在产业融合、多元融合、与互联网经济融合方面走出新的发展之路。

七、坚持生产功能、营销功能、服务功能互相促进

新型经营主体作为发展现代农业的生力军，要在三个体系建设中发挥重

要作用。具体就是由生产功能、服务功能"两功能"向生产功能、营销功能、服务功能"三功能"转变，向外部经营效益要发展。（1）生产功能是基础。要积极稳妥推进"三权分置"，依法依规地开展土地流转，让新型农业经营主体进一步稳定生产基础，做大生产规模，放大规模效益。（2）服务功能是保障。进一步加强新型农业经营主体对农业生产的服务能力，既要巩固提升农资采购、大农机使用、节水灌溉等基础服务，不断降低农业生产的边际成本；更要创新发展，积极开展土地整理、培肥地力、良种使用、无人机作业等方面的科技服务，不断提升农业科技贡献率，持续提高土地产出率，降低成本，发展高质量、高效益的现代农业。（3）营销功能是关键。新时代，农产品价格的"天花板"压顶，农资等要素成本的"地板"提升，不断挤压内部效益，必须尽快将农业内部产业优势转为外部市场竞争优势，将在农业内部挖潜力转为向外部市场要活力。因此，在未来一个时期，要突出并进一步强化新型农业经营主体的营销功能，以市场为导向，推动农业由"种得好"向"卖得好"转变，进而倒逼带动"种得更好"，同时延长产业链、提升价值链。

八、坚持公平效率相统一、政策的普惠性和特惠性相统一

在培育新型农业经营主体的过程中，必须坚持公平与效率相统一、政策的普惠性和特惠性相统一的原则。既要坚持广大农民和农户基本经营的基础地位，又要坚持新型农业经营主体引领农业现代化发展的突出地位，突出效率、兼顾公平。要坚持公平为主，发挥政策的普惠性，注重对基本农户的扶持。尽管新型农业经营主体是农业发展的生力军，但大量的普通农户仍未脱离农业生产的"主阵地"，这种情况在短期难以改变。因此，政策出台要坚持公平性原则，继续稳定并提高对普通农户的支持和保护，确保农业生产劲头不降、热情不减。要注重效率优先，突出政策的特惠性，实行精准支持。"大水漫灌""撒芝麻盐"虽然体现出政策的普惠性，但发力点不突出，实效不显著，政策精准性上还有提升的空间。因此，要坚持将新型农业经营主体

与普通农户区别对待，出台政策向规模化生产倾斜，将其作为承接现代农业项目的主体。要将不同发展质量的新型农业经营主体区别对待，完善监督管理机制。对不合格、不达标的要及时整改，对带动能力强、综合贡献大的要重点支持，进一步激发经营主体的发展积极性。要因势利导，注重政策的灵活性，不断开拓发展新路径。从外部环境看，我国各地经济发展水平有高有低，产业发展有先有后；从内部发展看，新型农业经营主体有不同的组织业态、不同的产业类型，而且在发展中，新模式也在不断被创造。因此，政策制定必须坚持不断地解放思想、开阔视野、因地制宜、因势利导，围绕共同的目标、选择适合的途径来积极引导。

第二节　发展目标和主攻方向

今后一个时期，新型农业经营主体的发展目标和主攻方向，可以概括为如下六个方面。

一、实现适度集约可持续规模发展

总体来看，当前国内新型农业经营主体存在的矛盾和问题还有不少：一是规模总体偏小，既不能适应日益增长的"大需求"，形成稳定高效的"大供给"，也难以对接国内外"大市场"，拉动农民收入的"大增长"。二是资源不够集约，简单、粗放式经营仍然占大多数，能够按现代企业制度管理经营的微乎其微。三是不可持续，由于多种原因，许多农民合作社注册之后根本就没有运营，直接成了"僵尸社"；还有一部分农民合作社运营了一段时间，由于内部管理、外部政策、市场变化等原因，亏损或停止运营。

（一）推进新型农业经营主体的生产规模化

推动种养大户、家庭农场、农民合作社、农业产业化龙头企业等经营主体之间通过纵向、横向等利益联结方式的深度融合发展，通过政策支持和自身建设，逐步做大主体规模。构建以农业产业化龙头企业为核心，联结其他新型农业经营主体的经营体系，建立利益风险共享共担机制，发挥规模效应，提升整体经营水平。为了推动新型农业经营主体的持续发展和壮大，应该采取一系列措施来引导其集群集聚，鼓励这些新型农业经营主体积极参与粮食生产功能区、重要农产品生产保护区、特色农产品优势区等的建设。通过在这些区域集中布局，实现资源的优化配置和产业的协同发展，提高农业生产的效率和质量。

（二）加快新型农业经营主体的要素规模化

实现土地规模化，在维护农村集体土地所有权、保障土地承包权的基础上，做活经营权，加快农村土地承包经营权确权登记颁证工作，支持农村集体经济组织领办集体农场、农民合作社、股份合作社和土地托管服务组织，使有限的土地资源适度有序地向新型农业经营主体集中。实现农机具规模化，加强对新型农业经营主体的引导，实现小型农机具向大型农机具转变，单一作业农机具向复式作业农机具转变，建立农机具共享平台，推动农机具向共享化、规模化方向发展。

（三）抓好新型农业经营主体的组织规模化

引导新型农业经营主体完善法人治理结构，推进家族式管理向现代化企业管理制度转型，支持龙头企业兼并重组、强强联合，组建大型企业集团，形成组织上的规模化，打造区域品牌。以宜种植则种植、宜养殖则养殖、宜林则林、宜加工则加工、宜旅游则旅游等原则，建设产业特色鲜明的大园区，实现生产上的集聚化和规模化。开展农超对接、农社对接，帮助小农户对接市场；加快新型职业农民培训，提升种养大户、家庭农场、农民合作社等新型农业经营主体的规模和质量；引导龙头企业完善利益联结机制，牵头组建农业产业化联合体，实现规模化发展。

二、推进多元融合

用工业理念、产业理念、融合理念发展农业，以市场需求为导向，以制度、技术和商业模式创新为动力，以利益联结机制为纽带，着力推动新型农业经营主体横向联合、纵向融合，延长产业链，提升价值链，完善供应链，构建一二三产业交叉融合的各类现代产业体系。

（一）推动新型农业经营主体间的横向联合

引导新型农业经营主体以产品、产业和地域为纽带开展合作与联合，建立联合社或超级联社可以实现农民合作社之间的资源共享和优势互补。通过联合采购、统一销售等方式，合作社可以集中采购原材料和农产品，从而获得更优惠的价格和更好的质量。合作社还可以共同承担市场风险，通过分散投资、共同保险等方式降低个体经营的风险。通过建立联合社或超级联社，合作社可以整合资源，提供更多种类的产品和服务，满足社员多样化的需求。联合社核心目标是为社员提供优质的服务和支持，发展生产型联合社，通过横向合作社的联合来扩大生产规模，降低综合成本。发展销售型联合社，重点关注农产品的流通，通过整合多样性的专业合作社，增加了产品的品种和数量，满足市场的多样化需求，还可以保证产品的稳定供应，避免供应不足导致的市场波动。同时，销售型联合社通过联合销售，有助于创立联合品牌，通过品牌效应提升产品的知名度和影响力，进一步提高销售业绩，这种方式能够改变每个农民合作社单独跑市场、搞销售的模式。综合型联合社，通过资源整合实现区域性联合，促进区域内农民合作社和其他成员的协调发展。这种联合方式不仅可以提高资源的利用效率，避免资源的浪费，还可以通过资源共享，提高各成员的经营效益。同时，通过加强社区成员的联系，可以提高社区的凝聚力和向心力，增强社区的活力和竞争力。

（二）推动新型农业经营主体间的纵向合作

以新型农业经营主体为核心，并通过积极的转变和拓展，农民合作社能够更好地整合资源、优化配置，提高产业链的整体效率和竞争力。同时，这也将有助于增强农民合作社的市场响应能力，提高其盈利水平，进一步推动农业产业的发展和升级。因此，鼓励农民合作社积极探索产业化协作的方式，可以实现更高效、更稳定、更可持续的农业发展。构建从生产起点到消费终端的完整产业链条，提高新型农业经营主体的综合效益，实现以生产种植为依托向高附加值的设计、包装、加工、仓储、运输、销售、研发等后续产业链条延伸。精心打造农产品从包装设计、储藏运输、订单处理、批发经营到终端零售等产业链条的各个环节，不断提高新型农业经营主体的产业化水平，让各成员更多地分享延长产业链获取的增值收益。

（三）推动新型农业经营主体向一二三产业融合发展

以生态为主线，以山水为脉络，以田园为依托，推进农业与旅游、教育、文化、健康养老等产业深度融合。推动新型农业经营主体与批发市场、网络平台等对接，实现农产品生产、加工、流通服务的融合发展。挖掘新经济增长点，实现历史、地域、民族特点与农业村镇、美丽乡村和农业示范园区相融合。鼓励龙头企业、农民合作社、家庭农场通过联盟的方式融合，成员通过共同研发、科技成果产业化、融资拆借、共有品牌、统一营销等方式，实现信息互通、优势互补。

三、提升质量和效益

围绕"帮助农民、提高农民、富裕农民"这条主线，综合运用多种政策组合激发内生动力，强化职业农民培训，灵活化解各类风险，带动农民就业增收，增强农业农村发展新动能，提升新型农业经营主体的质量和效益。

（一）着力提升新型农业经营主体的内在质量和自身活力

引导新型农业经营主体建立现代企业制度，遵循规章加强民主管理、民主监督，调动成员积极性，实现经营的集约化、规范化。鼓励制定标准化的生产流程，优化产品结构，强化品牌建设，提升农产品质量、竞争力和市场美誉度，实现经营的现代化。加大政策扶持力度，激发主体活力，因地制宜、分类指导，实行差别化的农业补贴、资金奖补、项目建设、金融服务、农业保险等支持政策，提高其自身实力和发展活力。深入推进示范家庭农场、农民合作社示范社、农业产业化示范基地、农业示范服务组织建设，发挥示范引领作用，提升整体质量。

（二）着力提升新型农业经营主体的服务质量

为了推动现代农业的持续发展，需要采取一系列措施来拓展服务领域、优化服务形式，并支持新型农业经营主体深入发展农业社会化服务。通过建立统一的标准体系，明确各项服务的要求和流程，确保服务的规范化和专业化；通过建立高效的物流配送系统，实现农业生产资料的快速供应和准确配送，降低生产成本，提高生产效率；同时，还可以通过优化供应链管理，减少中间环节，降低农产品的流通成本，提高农民的收入水平。此外，支持新型农业经营主体建立完善的农产品营销服务网络，促进产销有效对接。通过建立农产品电商平台、农产品批发市场等渠道，帮助农民将农产品直接销售给消费者，减少中间环节，提高农产品的附加值和市场竞争力；通过加强农产品品牌建设，提升农产品的知名度和美誉度，吸引更多消费者购买农产品；通过引入先进的防治技术和设备，提高防治效果，降低防治成本。最后，还可以通过加强农民培训和技术指导，提高农民的防治意识和技能水平，增强他们应对病虫害的能力。创新农业经营主体的服务方式，推行合作式、订单式、托管式、对接式、全程式的服务，为农户提供联合化、精细化、专业化、个性化、全面化的高质量服务。

（三）着力提升新型农业经营主体化解风险的能力

开展信息进村入户入社工程，建立信息监测分析预警体系，为新型农业经营主体提供市场信息和风险预警服务。组织开展农业技能培训，强化新型农业经营主体的产品意识、市场意识、竞争意识和风险意识，增强其应对各种挑战的能力。完善保险和再保险体系，提供覆盖全流程的保险保障，弥补融资信用"短板"，化解市场交易风险和内部经营风险，减少自然灾害影响，为新型农业经营主体提供持续稳定的再保险保障，进一步减少风险损失。优化财政资金配置，做到既扶优扶强又不"垒大户"，既积极支持又不搞"大呼隆"。强化监督机制，引导新型农业经营主体树立正确的发展观，规避伪新型主体获取、套取国家财政资金补贴现象，警惕政策性风险的发生。

四、实行规范管理

（一）制度规范

以现代企业制度的发展理念来完善基础制度，依据经营主体的自身结构特征，完善并认真履行内部章程。既要建立规范的决策、财务、管理等生产经营制度，又要建立和落实好内部监督责任制度。

（二）管理规范

要突出经营主体的核心宗旨，以"帮助农民、提高农民、富裕农民"为出发点，让农户享有表决权、选举权等法定权利，更好地发挥制度优势，增强内部动力。总结土地经营权入股和农业产业化经营试点的成功经验和教训，为农业产业化经营的推广提供了有力的支持。"保底收益＋按股分红"等模式能够有效地保障农民的利益，激发农民的积极性，促进农业的发展。通过保底收益，农民可以获得稳定的收入，农业生产的风险得以降低；而按股分红则能够让农民分享到农业发展的成果，提高农民的收入水平。新型农业经营主体与农户的利益联结机制是农业发展的关键，只有当农民能够参与和受益于现代农业发展，才能真正实现农业的现代化。因此，我们需要进一步完善这一机制，确保农民的权益不受损害。

（三）依法规范

依据《农民专业合作社法》等相关法律法规及各级党委、政府的政策规定，约束、引导、规范新型农业经营主体按照家庭经营、集体经营、合作经营、企业经营等多种形式共同发展、健康发展。基层党委和政府，特别是涉农部门，应当在尊重广大农民意愿、尊重新型农业经营主体权益的基础上，依法对经营主体进行多方支持服务和监督管理。

（四）契约规范

完善诚信体系建设，增强新型农业经营主体之间、社会成员之间的诚信意识，营造优良信用环境，提高社会整体信用水平。坚持法治、德治相结合，推动和建立诚信、紧密、和谐的契约联结关系，倡导重合同、守信誉、不违约，减少不诚信行为。

五、加快创新驱动

加快创新驱动，培育农业发展新动能，是打造中国强势农业、推动乡村振兴的动力源。现实中，部分新型农业经营主体的发展还存在不少问题：一是思维理念不新，不适应发展的新特征、新趋势，不能用新理念来引领自身发展；二是内生动力不足，缺乏自我革新的勇气和动力，敢于、善于创新的经营主体还不多；三是协作水平不高，部分优势资源还没有形成合力，也缺乏专业的社会化服务队伍和服务型经营主体。

（一）创新思维理念

按照乡村振兴战略的总体部署，依据农业供给侧结构性改革的具体要求，以新型农业经营主体的思维和理念创新，促进发展的创新。以市场需求为导向，构建现代化产业体系；通过良种化、机械化、科技化、信息化等手段，支撑现代化生产体系；通过创新组织形式、合作模式和联合方式，打造现代化经营体系,不断为新业态、新商业模式的生成和发展营造良好的环境。

(二)促进内部创新

深刻领会"农业现代化"重要命题的深刻内涵和责任使命,围绕顶层设计,结合实际需要,积极推广典型经验,促进新型农业经营主体的内部治理结构进一步完善、利益分享机制进一步优化。在实践中,积极探索更加科学合理的生产组织形式、产业组织形式和经营组织形式,以内部创新促进自我革新、融合创新。

(三)强化服务创新

以新型农业服务主体为载体,打破体制机制障碍和部门行业障碍,整合服务资源,培育多层次、多元化的现代农业服务体系。紧贴现实需求和未来发展趋势,加快新产品、新技术的研发创新和推广应用。鼓励引导社会力量成立服务机构、搭建服务平台、组建服务队伍。大力推进服务型经营主体建设,进一步加强各服务体系之间的联系,全面提升服务能力和服务效果。

六、推动"互联网+"新型农业经营主体

农业经营主体的发展方式正在由"传统"向"新型"转变,要发挥互联网重塑生产经营方式的作用,赋予新型农业经营主体新的发展内涵。

(一)加快农业大数据平台的建设和应用,提高预判能力

在现代农业领域,应加强对新型农业经营主体的信息采集工作,包括其基本情况、土壤墒情和农资供需等。同时,整合农业相关大数据资源,构建一个统一的数据库,对各类农业数据进行整合和存储。通过对这些数据的分析和挖掘,可以发现一些潜在的规律和趋势,为新型农业经营主体提供决策支持。此外,在构建农业大数据平台方面,可以利用云计算和人工智能技术,开发一个智能化的农业管理平台。这个平台可以提供实时的农业信息查询和

分析功能，帮助农民及时了解市场动态、天气变化等因素对农业生产的影响，同时可以提高新型农业经营主体对未来发展的预判能力，促进农业生产的科学化、智能化和可持续发展。

（二）加快智能技术在规模生产中的应用，提高生产水平

立足新型农业经营主体的规模优势，加快农业物联网建设，实现规模种植的标准化、智能化、自动化、精准化和全过程可追溯，让生产水平和质量效益同步提升。注重"共享"理念，让生产技术在更广阔的空间交流、推广。在保障农民基本收入的前提下，解决"谁来种地"问题，也进一步加快农民市民化进程。

（三）加快传统经营理念、方式、路径转变，提升发展层次

利用互联网和社交平台优势，让新型农业经营主体获得更为广泛的关注，利用新理念推动经营主体多元化发展。探索农业众筹，筹资金、筹技术、筹精品、筹专人订制；支持众创空间，增强科技支撑；发展乡村旅游，提升消费者体验感，让新型农业经营主体通过广阔的网络空间，实现更有深度、更有广度、更有层次的发展。

第三节　基本支撑和发展路径

培育新型农业经营主体，是实现乡村振兴战略的重要路径，是发展现代化农业的重要依托，是推进农业供给侧结构性改革的重要抓手。因此，要进一步完善财政、金融、保险、科技、装备、基础设施和人才协同发展的支撑保障体系建设，奠定新型农业经营主体的生产基础、产业基础和市场基础。在此基础上，进一步促进各类经营主体通过聚合、整合、联合、融合，实现由零到整、由整到大、由大到壮、由壮到强的逐步升级、有序发展。

一、财税政策支撑

在当前形势下，加快培育新型农业经营主体，需要财税政策的大力扶持。但要改变过去的粗放扶持方式，不断增强财税政策的精准性和指向性，由"大水漫灌"转变为"精准滴灌"。既要通过稳定的普惠政策，加强对农民的个体支持，更需要突出新型农业经营主体在现代农业生产中的主体地位，为新型农业经营主体"量体裁衣"，制定符合实际、符合发展方向，接得住、落得下的资金、补贴、税收等扶持政策，确保政策发挥出良好效果。

（一）资金扶持

新型农业经营主体涵盖种、养、加、销等方面，涉及农村一二三产业，既是今后财政扶持资金的重点对象，也是承接涉农资金、项目的重要载体。各级财政要设立新型农业经营主体专项资金，将之纳入本级财政预算，并逐年扩大规模。面对当前部分新型农业经营主体作用发挥不好，有的甚至是"花架子""空壳子"的实际，在制定资金扶持政策和确定扶持对象时，要充分考虑带头人能力大小、产业是否符合发展方向、模式是否可复制、是否有利于发挥示范带动作用等，既不能"普遍开花"，更不能"一花独放"。对纳入财政资金补贴范围的新型农业经营主体，要建立严格的准入制度、年检制度、监督制度和退出制度。采用第三方机构，对拟支持的新型农业经营主体进行全方位考核，特别是要将资源利用效率、生态环境效益和辐射带动小农户能力等综合贡献指标纳入考核评价体系。对资金利用效率高、各方面成效显著的加大支持力度，对连续不达标的要启动退出机制。同时，要创新支持方式，更多地采取"以奖代补、先干后补、多干多补"的形式，补实处、见实效，科学合理地支持新型农业经营主体健康发展。

（二）补贴政策

注重发挥政策资金的引导作用，运用市场化手段，争取用较少的补贴吸引、撬动金融、工商资本等进入新型农业经营主体培育领域，充分发挥补贴政策"四两拨千斤"的作用。不断优化补贴形式，简化补贴环节，降低补贴发放成本。扩大补贴覆盖范围，由补生产端向产业端、市场端和社会端延伸。加大补贴整合力度，探索不同部门、不同渠道多种补贴集中统一使用的新路子，提高补贴实效，注重补贴的公平性和公正性，补贴的各环节都应公开透明。比如，在实施农机补贴过程中，要将符合条件的农机厂家都纳入采购目录中，让农民自主选择，而不能人为设置门槛，将更符合农民需求的农机厂家挡在门外。

（三）优惠政策

优惠政策能否真正让新型农业经营主体得到实惠，关键在于能否落实。农业主管部门要切实发挥好职能作用，围绕新修订的《农民专业合作社法》等，将多部门的优惠政策落到实处。有关部门也要从支持"三农"工作的角度，加大对新型农业经营主体倾斜力度，能给资金的给资金、能给政策的给政策、能搞培训的搞培训。特别是基层政府要结合实际，积极探索资金、政策的整合办法，集中力量办大事。地方各级政府要将对新型农业经营主体扶持的质量和效果纳入相关职能部门的考核内容，用制度确保政策落实。

二、金融创新支撑

金融是支持农业发展的核心力量。农业生产具有周期长、风险高、效益低、资金需求量大、时间集中等特性，而且农户经营分散、规模较小，金融机构从企业经营角度考虑，对涉农金融业务十分谨慎。特别是新型农业经营主体多数起源于"草根"，经营管理、财务账目等不规范，虽然对金融需求十分强烈，但金融机构往往宁愿失去一部分市场，也不愿过多与新型农业经营主体发生业务往来。因此，要通过金融政策、金融产品、金融服务创新，创造更加有利的条件，使金融机构对新型农业经营主体的支持不仅是"文件提倡"和"口号要求",而是快速变为实实在在的惠农行动。

（一）信贷政策

信贷支持在今后仍将是金融支持新型农业经营主体的主渠道。金融机构要主动深入研究农业农村政策,寻找解决新型农业经营主体抵押物少、信贷风险高的路径。要深刻理解农村土地所有权、承包权、经营权"三权分置"的重要含义,加快农村土地经营权和农民住房财产权抵押贷款政策落实。不断细化信贷政策,在充分防控风险、保证金融企业合理利益的前提下,积极探索"两权"贷款(农村承包土地经营权抵押贷款和农民住房财产权抵押贷款)的多种实现路径。在现有政策的基础上,不断创新金融产品,积极向大型农机具抵押、畜禽活体抵押等方面延伸,支持新型农业经营主体扩大规模,带动农民致富。

（二）融资担保

实现金融对新型农业经营主体的深入支持,必须善于利用担保政策。紧紧围绕新型农业经营主体的融资需求,充分发挥担保机构的杠杆作用,构建科学、完整的支农担保、再担保体系。进一步扩大农业担保范围,逐步由支持种植养殖业向农村二三产业拓展,在产业融合中发挥更大的作用。建立和完善地方农村产权交易和中介服务市场,强化司法支持,保障质押权利的有效实现,解决金融机构处置担保资产的后顾之忧。

（三）信用体系

信用体系不健全是金融机构不愿涉足农业农村业务的重要原因。从增强农民的信用意识入手,围绕社会主义核心价值观,加强法治教育和德治教育,将"敬畏信用、遵守信用、呵护信用"观念深植农民心中,加快推进农村信用体系的建设。基于农业生产的弱质性和农村信用体系的特殊性,也应适当增加政策弹性,完善农村信用修复机制。推进信息技术在农村的快速普及,积极推进数据资源整合，运用大数据手段构建农村征信平台，通过"信息多跑路"，降低农村金融机构信贷成本，增添农村金融机构的创新动力。

三、农业保险支撑

目前，在很多地区，农业保险"短板"问题仍然很突出。特别是随着新型农业经营主体经营规模不断扩大、标准化程度不断提高，尽管其抵御灾害的能力要强于普通农户，但面临的自然风险和市场风险仍然很大，新型农业经营主体对农业保险的需求相对于普通农户更为强烈。但农业保险险种少、保额低、形式单一等问题，造成新型农业经营主体往往不愿保，即使保了也觉得"不解渴""不托底"。为新型农业经营主体提供完善的支持保护体系已经刻不容缓，要进一步加强保险体系建设，科学灵活地设计符合新型农业经营主体实际情况的参保方式，不断提高风险保障能力。

（一）扩大险种

随着新型农业经营主体经营范围、涉足领域的扩大，其对保险"扩面"的需求日益强烈。农业保险支持重点应从保障国计民生的大宗农产品逐步扩大到蔬菜、水果等经济作物，以及农房、农机等固定资产，进一步发挥保险机制的风险分散作用，更好地保障新型农业经营主体的利益。

（二）提升保额

针对农业保险赔付率过低，很多新型农业经营主体感到"不解渴"的状况，农业保险应进一步突出政策和市场的双重属性。政策属性为保成本，各级财政应加大补贴力度，制定能够保障物化投入的基本保费额度，使新型农业经营主体用较低支出就能够保障成本；市场属性为保收益，鼓励保险公司在基础保额上推出浮动保额，随着赔付率的提高，保费额度相应提高，体现出"少缴少赔、多缴多赔"的公平性。

（三）创新形式

在保险产品创新上，地方基层单位做了很多探索，如区域产量保险和天气指数保险得到了较大规模的试验和推广，并取得了成功。尤其是近些年新推出的价格保险，其突破了保险只保纯粹自然风险的限制，将市场风险这类既能带来损失也能带来收益的投机风险纳入了保险责任。近几年在银保监会的大力推动下，我国农产品目标价格指数保险试点发展得非常快。

（四）提高效率

农业保险作为一种重要的风险管理工具，应该从"新农合"中汲取经验，以提升其抗风险能力。具体而言，可以通过在无灾年份积累保费来建立保险基金的"资金池"，以便在灾害发生时提供更大的支持和保障。传统的农业保险通常以一年或一个生产季度为限，这种简单的设定往往无法满足不同农产品的需求。因此，农业保险应该根据不同农产品的生长周期、季节性特点等因素，制定相应的保险期限，以确保农民在灾害发生后能够得到充分的补偿和支持。

四、农业科技支撑

农业的根本出路在于科技进步。加快农业科技成果向新型农业经营主体转化，实现先进适用农业技术与新型经营主体无缝对接，既是加快农业科技成果转化的需要，也是降低新型农业经营主体生产成本、提高其市场竞争力的重要途径。

（一）加强科研创新

农业科技研发要以供给侧结构性改革为主线，紧紧围绕生产需求、生活需求和消费需求开展科研立项。既要注重基础性研究，也要结合各地生产实际需求、结构调整需求、生态安全需求、绿色有机需求，有针对性地开展科研攻关。比如，针对干旱带、风沙带、盐碱带等资源环境恶劣地区要对黑枸杞、沙棘、苜蓿等作物开展重点攻关，既满足消费需求，也改善生态环境。积极推动"种业革命"，现在国内很大一部分热门品种都被国外公司控制，极大地提高了新型农业经营主体生产经营成本。要尽快打破这种现状，围绕重点地区、重点品类，整合力量集中攻关，努力提高作物、畜禽的抗病性和单产水平。

（二）加强技术推广

目前，农业科研单位存在结构性矛盾，很多科研成果不知道谁真正有需求，谁才是真正的转化对象。而新型农业经营主体虽然对新品种、新技术很渴求，但往往不知道到哪里找、去找谁。这就需要在科研单位与新型农业经营主体之间搭建一个平台，使供需双方充分对接，实现双赢。黑龙江省开展的农业科技合作共建，既畅通了科技人员进入经济主战场的渠道，使科研和农业生产需求结合得更加紧密，又建立了科技与农民对接的直通车，提高了农民种地的科技含量，值得推广。

（三）加快成果转化

加强转化平台建设，以科研为纽带，积极推进由"科研机构＋龙头企业＋农业生产主体"构成的农业科研生产联合体建设，不断放活体制机制。鼓励科研人员走出实验室参与生产经营，结合需求，开展"定向"研发，对接企业，引领生产经营，直接推动成果就地转化。

五、现代化农机装备支撑

农业机械作为一种现代化的生产手段，是农业先进生产力的具体体现，是培育新型农业经营主体的重要基础。大马力现代化农机装备是提高生产效率、降低人工成本的重要保障，而进行航化作业的农机装备还具有观光、体验等休闲功能，虚拟现实（VR）、增强现实（AR）等技术的普及应用更为拓展农业功能提供了可能。

（一）加快农机制造产业发展

围绕新型农业经营主体的生产需求，加快培育自主品牌，支持高端农机装备制造及配套农机辅具发展，提升农机装备制造业的整体实力和行业竞争力。针对农牧结合的发展需要，大力支持畜牧业饲养机械和粪污循环利用类农机发展。针对人力成本高的现状，大力开展智能化、自动化农机具研发，加快信息技术与现代农业的深入结合，加快智能传感设备的研发和应用。

（二）加快农业设施制造发展

由于生产品种的多样性、资源环境的约束性和仓储能力的局限性，新型农业经营主体对农业设施的需要日益增强。要以需求为导向，加快推进暖棚、温室、无土栽培、沼气等设施研发制造。加快制定农业设施技术研发和通用标准，利用我国制造业优势，推进大规模制造，降低设备成本，提高设备的普及和应用水平。

（三）加快农机组织发展

创新农机组织发展模式，按照共享经济发展理念，搭建互联网服务平台，引导农机服务向"滴滴打车""货车帮"等共享形式发展，为农机跨区作业搭建平台，促进现有存量农机效用最大化。探索政府和社会资本合作模式，引导城市工商资本和民间资本共同投入，参与农机服务组织建设。借鉴黑龙江省现代农机合作社的发展经验，探索创新参与方式，通过带地入社、整村推进等形式，支持现代农机合作社高质量发展，让农机合作社从农业生产端逐步走向经营端和市场端。

六、农业基础设施支撑

新型农业经营主体是现代农业生产的重要力量，完善基础设施建设，增强保障能力,是促进新型农业经营主体节约成本、提高产出、增加效益的有效途径。要建立奖补机制,鼓励经营主体对农村基础设施进行投入和养护,形成良性循环,确保新型农业经营主体成为最大的受益者,农民获得最大的受益面。

(一)夯实水利基础

水利是农业的命脉,有了"大水利",才能支撑"大主体",实现"大发展"。夯实水利基础建设,大幅降低新型农业经营主体的生产成本,是促使其参与市场竞争的基本前提。要以提高水资源的利用效率和综合效益为目标,完善水利基础设施建设:一方面,应增加各级财政投入,通过开展大型水利工程建设,将"活水用活",不断夯实现代农业基础;另一方面,也要调动新型农业经营主体的积极性,采取政府补贴、经营主体自建设的模式,引导新型农业经营主体参与田间地头的末级渠系建设,加强事中、事后的质量监管和效果评估,实现"多干多补、早干早补、不干不补"。

(二)提升土地质量

土地是农业的肌体,地力提升能够带动新型农业经营主体产出率提高,也能够减少化学品投入,促进产品质量的提高。近年来,我国土壤有机质下降,地力培肥主体缺失,部分新型农业经营主体重产出不重养护,重现实不重长远,追求产量忽视对地力的培植,掠夺式经营普遍存在。因此,要将新型农业经营主体作为地力培肥的主体,通过"以奖代补"等方式,加大施用有机肥、生物肥、农家肥和秸秆还田的奖补力度。同时,也要利用好养殖业这一最大的有机质来源,进一步加大对农牧一体、循环发展类新型农业经营主体的支持力度,建立约束机制和激励机制,促使粪污还田、资源最大化利用。

(三)完善耕作制度

目前,国内耕作制度并不完善,保护性耕作和休耕实施范围较小。部分新型农业经营主体没有长远计划，不重视土地整理，导致对土地过度开发；重迎茬问题突出，导致产量下降、品质变劣、病虫害多发等一系列现象。因此，要从根本上提高新型农业经营主体的可持续经营能力，需要做好顶层设计，探索并进一步完善休耕制度。通过财政补贴引导市场主体参与等办法，形成土地整理机制，扩大保护性耕作实施范围。同时，要通过科学引导，完善轮作制度，调整茬口，减轻病虫害发生情况。

（四）加强综合治理

目前，国内大部分耕地为中低产田，坡耕地水土流失现象依然突出，水源地保护形势紧急，亟须继续开展综合治理。推进农村综合治理既是乡村振兴的客观需要，也是新型农业经营主体发展的现实需求。要通过工程与非工程措施，开展农村环境综合治理，加大退耕还林、退耕还草、退耕还湿力度，有效治理坡耕地水土流失等问题。通过鼓励"鸭稻""蟹稻""鱼稻"等发展模式，将高标准农田建设与绿色有机农业结合，在环境改善的同时提高经济效益。将美丽乡村建设与水源地保护、面源污染控制等相结合，采取综合性措施，推动农业减肥、减药、减除草剂，实现人与自然的和谐发展。

七、新型职业农民培育

"谁来种地"这个问题，说到底，是愿不愿意种地、会不会种地、什么人种地、怎么种地的问题，核心是解决好人的问题。新型农业经营主体的发展壮大，必须由熟练的农业产业工人从事田间生产，优秀的营销人才开拓市场，成熟的管理人员规范运行，敢担当的领办人才凝聚力量，这充分说明了培育新型农民的重要性。

（一）着力培育农业产业工人

培训新型职业农民要以"绿领"为目标，最终要使之成为农业的产业工人，即收入来源以农业生产经营为主，收入水平与"蓝领""白领"相当，保障水平与城镇居民接轨，工作环境优于城镇产业工人。一方面，要鼓励现代信息技术、先进物质装备等要素资源向农村下沉，使高技能人才有用武之地；另一方面，要加大农业生产技能培训力度，使现代农业发展有可用之才。

（二）着力培育现代营销人才

"营销强，市场广"既是新型农业经营主体在激烈竞争中立足之本，也是应对消费变革带来巨大需求的核心之力。因此，积极培育新型农村营销人才，是使新型农业经营主体由生产、服务仅能在农村"两足并行"的格局，转变为依靠生产、营销和服务在市场"三足鼎立"的架构的重要途径。培育新型营销人才，既要注重对本乡经济人的提升，也要注重对下乡销售员的扶持，更要利用返乡劳动力和回乡大学生既熟悉乡土又了解市场的特点，对其加大培育力度，使之成为"懂农民、懂农业、懂农村、懂市场"并能熟练运用信息技术的营销行家。

（三）着力培育现代农村管理人员

很多新型农业经营主体在创办之初，资金、技术、市场等条件都具备，但却始终做不大、做不强。归根结底就是因为管理水平不高、管理能力不够，直接导致社员"叫不齐一股劲，拧不成一根绳"，遇到波折一触即溃，遇到风险一哄而散。培育现代农村管理人才，需要充分借助内部资源、外部力量及制度保障。鼓励高校代培委培农村干部，提高其经管能力；通过"龙头企业＋农民合作社""产业化联合体"等合作形式，将现代企业管理经验和理念播向农村；加强内部监督管理，严格执行各项章程制度，规范管理者和社员的行为。

（四）着力培育现代农村带头人

好的领头羊、带头雁能够"聚沙成塔"，将松散的农户组织起来，抱团闯市场，应积极在传统农户中大力培育"懂技术、善经营、敢担当"的农村带头人，领办创办各类新型农业经营主体。一是在新型农业经营主体中发现带头人，培育带头人，利用其致富带头人的影响，使更多的农户聚集，使新型农业经营主体的"雪球"越滚越大；二是充分发挥村集体经济组织的经济功能，在村干部中积极选拔带头人，利用其在农户中的威信力，带领农民奔小康；三是鼓励外出务工经商成功人士回乡创业，利用其在市场打拼出来的新眼界、新思路、新技能，帮助更多农民富裕起来。

第三章　专业大户的经营与管理

本章为专业大户的经营与管理，分别介绍了四个方面的内容，依次是专业大户经营概述、种植大户的生产管理、养殖大户的生产管理、农产品加工大户的生产管理。

第一节　专业大户经营概述

一、专业大户经营中面临的困难

（一）风险高

专业大户在经营过程中主要面临市场风险高、自然风险高及信贷风险高等风险难题。市场风险高主要是由于专业大户虽然具有一定的经营规模，但比起龙头企业或者强大的合作组织，其自身实力还是差很多，在市场上没有话语权，农产品的市场价格容易受其他组织的影响，导致质优价廉。自然风险高主要是由于农业生产受自然条件的影响较大，一场干旱可能导致专业大户一年的收成为零。信贷风险高主要是由于农业生产受市场条件和自然状况的影响大，容易导致某一年收成减少，从而导致资金链断裂，还不上贷款。另外，农业保险的保额相对较低，其数额远远不能满足市场风险、自然风险等因素造成的损失，这也无形中增加了专业大户的信贷风险。

（二）成本高

随着城镇化的不断发展，专业大户的生产成本逐步增高，其主要表现在两个方面：一方面是土地流转成本高。近年来，随着合作社和家庭农场的不断发展，土地的规模经营越来越多，但土地流转资源相应减少，农民出现了"惜地"现象，他们认为土地作为重要的生产资料，价格会越来越高，在其非农收入稳定的情况下，不愿意以低价格将土地流转出去。另一方面是雇工劳动力成本增加。越来越多的年轻人开始脱离农业，脱离农村，选择进城务工或者做生意，而留守在农村的劳动力越来越少，雇工的价格要求也就越高，甚至有的时候会出现专业大户想以高工资雇工却无工可雇的现象，专业大户不得不通过区域合作，从别的区域调集雇工，导致成本增加。

（三）融资难

专业大户融资难问题主要体现在两个方面：一方面，不少专业大户生产规模小，农产品缺少特色，技术含量低，再加上农业回报周期长，回报率低，致使一些工商资本不愿进入，导致融资困难；另一方面，由于授信担保困难，申请手续烦琐，隐形交易费用高等问题，专业大户很难从银行获得贷款，导致融资困难。

（四）基础设施不到位

专业大户发展农业生产所需的基础设施不全，阻碍了大户的发展，如与农业生产相关的道路、水利等基础设施不全，由于专业大户自身能力有限，靠其自身力量是解决不了的。还有，种植大户因其规模经营的缘故，在粮食收上来以后，由于晾晒场或烘干设备的缺失，面临粮食晾晒难问题。

二、专业大户的经营对策

（一）规模适度

对专业大户而言，经营规模取决于经营能力、资金实力、应对市场能力、承受风险能力等多种因素，需要一个逐渐积累、逐渐成长的过程。因此，专业大户的发展不能以大为目标，必须追求适度规模经营。因为不同的专业大户判断其适度规模的标准不统一，如种粮大户往往以种植面积的大小确定，而养殖大户往往以养殖数的多少确定，标准的不统一对适度规模的总体判断也会存在影响。因此，规模适度可以从下列两个方面判断。

1. 专业大户的收入水平与城镇居民的收入水平持平

专业大户的纯农收入水平如果等于或高于城镇居民的平均收入水平，就可以说专业大户通过适度规模经营实现了盈利，实现了增收，出现了规模效应。

2. 专业大户的收入水平达到农民平均收入水平的一倍以上

某个地区专业大户的收入水平达到该地区农民平均收入水平的一倍以上，可以说，该专业大户实现了适度规模经营，促进了其自身的增收。

（二）水平上移

1. 产品特色化

专业大户应发挥农产品的天然优势，找准产品特色，并打造最有竞争力的农产品。"特色＋规模"才能形成农业区域经济，这也需要把专业大户纳入区域化规划中，实现从"一户一品""一村一品"上升到"一县一品"或者"一市一品"。特色农产品的发展，必须注重三点：一是要考虑产品能否产出来、卖出去，以及专业大户是否愿意种；二是要坚持产业配套，做到产供销一条龙、种养加一体化、贸工农三结合，突出一品，突出特色，形成完整产业链；三是要发展循环农业，注重经济效益、生态效益以及社会效益的统一。

2. 产销集约化

专业大户应加强生产要素的合理配置和集约投入，促进规模化、集约化生产。同时，更为重要的是要实现销售环节的集约化，即采取农超对接、农社对接、农食对接、农校对接等方式，减少中间流通环节，近距离对接消费者，降低成本，增加效益。

3. 运营组织化

在市场竞争日益激烈的情况下，越来越多的专业大户应逐渐放弃"单打独斗"，逐渐形成"规范发展"和"抱团发展"的格局。可以转型升级为家庭农场，可以领办或联办、参加农民合作社，通过组织化运营，实现规模效应和品牌效应，降低生产和交易成本，降低市场风险。

4. 作业机械化

为了适应规模化生产需要，专业大户必须提高机械化程度。此外，随着雇工成本的增加，专业大户也必须通过提高机械化程度来降低生产成本。作业机械化应该实现"五机"统一，即实现作业机械化的统一机耕、统一机播、统一机防、统一机收、统一机烘。

（三）定位调整

农业从业人员老龄化，劳动力成本、土地流转成本高及风险控制能力弱等问题都要求专业大户尽快对定位重新调整。专业大户牵头组建的合作社在一些地区已成为合作社的主要形式，这些合作社的经营者往往同时是专业大户。专业大户可以户户联合形成合作社，他们之间可以横向地同质联合形成合作社，也可以纵向地异质联合形成合作社。此外，作为专业大户的升级版或高级形式，家庭农场也是专业大户的转化或发展方向。

（四）谋划新局

1. 创新模式，破解土地流转难题

首先，要创新土地流转模式，积极探索完善"股份＋合作"的流转路子和"底金＋分红＋劳务收入"的分配模式，密切大户和农民的利益联结关系，实现合作共赢；其次，要积极培育土地流转交易市场，让土地高效流转，解决土地流转协商时间长、签约成本高等问题；最后，要实现土地流转的信息化、网络化管理，提高土地流转服务水平，及时发布土地流转信息以引导土地流转。

2. 转变观念，平等对待专业大户

总体来看，我国农业生产经营主体将长期存在多层次、不平衡的情况，既有龙头企业、合作社等实力相对较强的新型农业经营主体，也有家庭农场、专业大户等实力相对较弱的新型农业经营主体，还有一般农户或普通农户等实力弱小甚至没有实力的传统农业经营主体。这就需要国家在制定政策时，既要追求效率、鼓励先进，促进龙头企业、合作社做大做强；也要兼顾公平、救济贫弱，对家庭农场、专业大户和大量的一般农户给予关注扶持，通过多种途径提升他们的发展能力和生活水平。

3. 完善政策，促进专业大户做强

各级政府以及相关部门可以通过三方面来完善政策，促进专业大户做强、做大。一是"推"，各级政府以及相关部门对专业大户的发展要加强组织领导，制定符合本区域的扶持办法，推动专业大户的快速发展；二是"扶"，各级政府以及相关部门通过完善贷款担保、抵押办法，帮助专业大户解决融资困难，优化专业大户发展的软环境，确保专业大户发展快、效益好、能壮大；三是"帮"，各级政府以及相关部门应充分发挥各自的职能作用，指导专业大户做好产业规划，将重点项目、扶持资金向其倾斜，增强基础设施建设，并做好产前、产中、产后服务，帮助解决发展中的难题。

4. 加强培训，提升专业大户素质

只有高素质的生产者才能成为先进生产技术的实践者，只有高素质的管理者才能成为产业发展引导者。因此，应培养一批"有学历、有技能、懂管理、善经营"的高素质专业大户，使其带领广大农民走上科技兴农的道路。为此，必须实施"走出去""走进去""走上去"的培训战略。"走出去"是指专业大户应摆脱地域限制，多到农业发达或者专业大户发展较好的国家和地区实地学习，学习其先进的实践经验和做法；"走进去"是指专业大户必须走进校园，通过高校培训班的培训，提升自己的理论知识水平；"走上去"是指专业大户必须通过培训了解学习高级形式的家庭农场和合作社，明确自己是否具备发展成为家庭农场和合作社的条件，为其下一步做大、做强做好准备。

第二节　种植大户的生产管理

种植业生产管理是专业大户生产管理重要内容之一。

一、种植业生产结构优化

种植业是指除林果业外以人工栽培的植物生产，涵盖粮食作物、经济作物、饲料作物、绿肥作物等多种农作物。在种植业中，专业大户扮演着重要的角色。他们通过科学的种植技术和管理方法，提高农作物的产量和质量，满足人们对食物的需求。同时，种植业也为其他部门提供了基本原料和生产资料，如粮食作物用于食品加工，经济作物用于工业生产等。为了确保种植业的高效运作，专业大户需要进行组织管理，制定种植计划，根据市场需求和资源条件确定种植的农作物种类和数量。此外，他们需要进行土壤改良和施肥，以提高土壤的肥力和适宜性。

（一）种植业生产结构优化中的问题和对策

1. 粮食作物生产与人口增长的矛盾日益突出

粮食作物包括禾谷类粮食作物（如小麦、玉米、水稻、大麦、高粱、小米等）；豆菽类粮食作物（如大豆、蚕豆、豌豆、菜豆、红小豆、绿小豆等）；薯芋类粮食作物（如甘薯、马铃薯、木薯、莲藕、豆薯等）。它们分布于世界各地，是各国人民的主食。

"民以食天"就是传统的粮食观念，它使人们的注意力集中在粮食作物生产上，这是种植业的主要组成部分。但是，随着人口日益增长，耕地面积也已回落。因此，扩大粮食播种面积潜力有限，提高单位面积产量只能循序渐进，这与增加人均粮食供应的矛盾日益突出。

然而，粮食作为人类的主食是人体能量物质的源泉。今天人们将所有能为人类生存提供能量和营养物质的食物都视为粮食，人们的视线从耕地中的粮食作物扩展到经济作物并进而从农田扩展至森林、草原与水域。这就是大粮食的观念。但是在农田以外，已不属于种植业范畴，故不多叙，仅就其中关系到种植业中的作物作为种植业结构优化的组成部分。所以，在种植业结构优化中适当扩大油、糖、果、蔬及饲料、饵料作物的生产，也是缓解粮食与人口增长矛盾的重要途径。

2. 种植业生产水平差距日益扩大

种植业生产水平的国际差距与地域差距日益扩大。发达国家在实现了农业现代化后的几十年中，在种植业生产上的土地生产率、劳动生产率、产品商品率迅速提高，生产社会化、种植区域化明显发展，其单位面积产量进一步提高。而广大发展中国家则存在另一些问题，无论生产规模、生产水平，还是产前、产中、产后的产业化发展明显滞后，而工业产品投入数量明显不足，质量显著低下。因此，单位面积产量及人均生产植物产品数量、质量及整个种植业生产水平的落后十分明显。即使是我国不同经济带和不同省市区，其差异也十分突出。所以只有提高物质能量、投入资金，尤其是增加科技投入才是解决这一问题的基本途径。

3. 经济效益、社会效益与生态效益的矛盾日益尖锐

发达国家的农场主长期以来走牺牲生态效益，谋求经济效益的道路，导致掠夺性经营，已带来无穷后患。发展中国家以自然经济为主体的小农经济思想又表现为短期行为，致使成本外摊日益严重。从宏观上说，水土流失、土地退化十分严重；从微观上讲，耕地质量下降，土地后劲堪忧。

当前，世界经济已步入可持续发展的轨道，农业生产也必须走可持续发展之路。目前在我国已广泛开展的生态农业就是符合农业可持续发展要求的基本模式。

在谋求今天生产发展所需的产品时，不仅不能危及资源环境，预支未来的资源，还要为子孙后代进一步发展农业生产创造条件。这样才能使社会效益、经济效益与生态效益统一起来，使生产发展与资源环境优化结合起来。

4. 国际与国内农产品贸易竞争日益激烈

农产品的商品化、专业化生产在发达国家随农业现代化进程而迅速发展着。而为了保护本国农场主的利益，各国家及国家集团都在为争夺国际市场、保护本国市场千方百计地努力着。尤其是即使许多农产品是在发展中国家生产的，也仍是由发达国家的跨国公司营销。虽有世界贸易组织的协调，但在国际农产品市场上贸易摩擦从未间断。

在国内市场中随着大市场、大流通和交通干线的四通八达，原有的地理位置上的优势已荡然无存。为了在竞争中立于有利地位，我们必须做到人无我有，人有我优，以质取胜。

（二）种植业结构优化的基本经验

在当前国内种植业结构优化中，不少省市区和地市县的乡镇村都积累了一定的经验，形成了样板。许多农、科、教单位也进行了有效的探索，其基本经验大体上可概括为：以市场为导向，充分发挥市场对种植业结构优化的带动作用，抓好交易市场建设，提高流通效率，组建营销经纪人队伍。掌握商品信息，把握商机，发展产业化经营，加强科技投入，从而在激烈的竞争中扬长避短，取得发展空间，具体说有以下四个方面。

1. 以市场为导向

市场需要什么就生产什么，虽说有宏观与微观的不同市场需求，但其基本思路是一致的，要注意避免一哄而起。在当前我国已加入世贸组织的情况下要发挥我们的优势，扬长避短，在种植业生产中对我们有竞争优势的果品、蔬菜、饲料、饵料、药用作物等加以适当安排与优化。

其实国际市场的变化使许多国家种植业结构发生了相应的变化，如欧美国家对植物油需求的增长使得美国、巴西、阿根廷大面积生产大豆；加拿大及欧盟国家扩大油菜籽种植规模；国际花卉市场行情看好，不仅原有的荷兰、意大利花卉业发达，以色列、哥伦比亚等国迅速发展花卉业，也给我们带来了机会。然而市场又是多变的，尤其在联产承包责任制的情况下，农户的决策往往会有一哄而起的情况，这又是我们必须回避的。

2. 掌握商品信息

要敏锐地观察商品供求状况，尤其要注意人们在解决了温饱问题以后，在农产品需求上的变化；要紧紧把握人们为了提高生活质量对若干农产品的新需求；要针对人们要求无公害绿色食品的供应而安排、组织生产。

绿色食品需达到三点：首先生产该产品的环境是洁净、无污染的，也就是产地应是土净、水净、空气净的；其次在该产品生产过程中是无污染的，也就是说对化肥、农药等农用化学品的使用是有严格的无公害残留要求的；最后在生产出来的产品保鲜、加工、贮运过程中也是无污染的。

3. 以产业化求发展

这就是我们常说的发展产业化经营的问题，包括两个方面：一是产加销一条龙、农工商一体化；二是产前、产中、产后相协调。

特别要重视加工、保鲜、营销工作的开展与队伍的建设，使生产资料供应、种植农户栽培、加工保鲜企业的发展、营销市场的形成等几个方面都有较好的效益，并形成相互促进的良好局面。

4. 以科技进步为保障

在种植业结构优化中尤其要突出科技含量的重要性。无论是在农作物新种类和新品种的引进与试验示范推广的过程中，农作物优质、高产、高效新品种培育的过程中，还是在种植新作物形成规范化栽培技术体系的过程中，利用先进的科技对农产品进行深加工、精加工、综合开发的过程中，科学技术都是实现种植业结构优化的有力保障。

在种植业结构优化中必须因地制宜地发挥本地资源优势，不能忘记种植业生产只是农业生产中的一个方面，不能忘记种植业生产只是农业产业链当中的一个环节；要谋求农业增效，农民增收，还必须在加工增值上开拓开发，以获得综合效益。因此，在上述之外，还有许许多多内容，这里只是抛砖引玉地作了一些介绍，还希望在实践中加以充实。农作物生产具有地域性和季节性特征，种植业结构优化必须因地制宜地选择适宜的作物，进行恰当的搭配。

二、种植业生产计划

生产计划是生产活动的重要指导，是组织管理的核心依据。对于种植业而言，生产计划是对一年内种植的多种作物所使用的各种生产要素进行全面考虑和协调，从而对整个生产活动进行统筹安排，以确保专业大户能够顺利实现其计划目标。通过这样的计划，可以有效地管理和优化生产流程，提高生产效率，并确保资源的合理利用。因此，种植业生产计划在实现专业大户的计划目标中发挥着至关重要的作用。

（一）种植业生产计划概述

种植业生产计划，是对种植业生产的空间布局和时间组合的安排，是种植业生产管理的重要一环。

1. 种植业生产计划分类

（1）按时间长短分

长期计划、年度计划、阶段作业计划。

（2）按内容分

耕地利用计划、作物种植计划、作物产量计划、农业技术措施计划等。

（3）按作用分

基本生产计划、辅助生产计划、技术措施计划等。

2. 种植业生产计划的内容

种植业生产计划主要有耕地发展和利用计划、农作物产品产量计划、农业技术措施计划、农业机械化作业计划等。

（1）耕地发展和利用计划

耕地发展和利用计划主要反映计划年度耕地的增减变动及其利用状况。

为反映耕地利用情况，可借助以下指标进行分析。

① 垦殖率

该指标反映可垦土地的利用程度。

$$垦殖率（\%）=\frac{耕地面积}{可垦未耕土地面积+耕地面积}\times100$$

② 耕地种植率

该指标反映对现有耕地的利用程度。

$$耕地种植率（\%）=\frac{本年实际种植的耕地面积}{全部耕地面积}\times100$$

③ 复种率（复种指数）

该指标反映年内现有耕地的利用强度，根据计算口径又可分为全部耕地和年内实际种植地的复种率。

$$全部耕地复种指数（\%）=\frac{实际播种面积}{全部耕地耕种面积}\times100$$

$$实际种植耕地复种指数（\%）=\frac{实际播种面积}{当年实际耕种的面积}\times100$$

④ 反映耕地生产能力的指标

$$稳产高产田比重（\%）=\frac{稳产、高产田面积}{全部耕地面积}\times100$$

⑤ 反映耕地利用效果的指标

$$耕地产出率（\%）=\frac{种植业总产量（总产值、净产值、利润或纯收入）}{农业耕地面积}\times100$$

（2）农作物生产计划

反映计划年度各种作物和播种面积、亩产量、总产量计划数。

（3）农业技术措施计划

农业技术措施计划是一个综合性计划，旨在提高农业生产效益和农产品质量。该计划包括多个方面的内容，如土壤改良及整地、农田建设、种子选择、播种施肥、化学灭草及植保、田间作业和灌溉等。下面介绍分析几种关键的技术措施计划。

第一，灌溉计划的编制是一个复杂的过程，需要综合考虑多种因素并进行综合平衡。首先，我们需要根据农作物的种植计划和生育期灌溉水定额（作物实际需水与天然补水量的差额），计算出各月（天）的需水总量。这个计算过程需要考虑到农作物的生长阶段、气候条件、土壤水分状况等因素，以确保农作物在各个生长阶段都能得到足够的水分供应。接下来，需要将计算出的需水总量与水源的可供量（地表与地下提水量）比较，评估这些水源的可供量是否能够满足农作物的灌溉需求。

第二，播种计划是农业生产中至关重要的环节，它涉及多个方面如播种面积、播种量、播种时间、播种顺序、播种方法、质量要求、种子处理、种肥施用等，这些都需要缜密考虑和安排，以确保作物能够适时、适量地播种，并达到预期的生长效果。

第三，制定施肥计划。在制定施肥计划时，需要充分考虑作物的需肥种类和数量以及土壤的肥力状况。为了确保土壤肥力的可持续性，我们需要精确地确定需要人工补充的肥料种类和数量。施肥计划的指标应包括施肥面积、肥料种类、施肥量、施肥方法和施肥时间等关键要素。这些指标的确定有助于确保施肥的针对性和有效性，从而最大限度地提高作物的产量和品质。

（二）种植业生产计划的制定方法

常用的种植业生产计划的编制方法是：综合平衡法、定额法、系数法、动态指数法、线性规划法等。现将综合平衡法介绍如下。

综合平衡法作为编制计划的基本方法，在种植业生产中发挥着至关重要的作用。种植业生产不仅涉及各种作物的合理搭配，还要求生产任务与生产要素之间达到平衡。为了实现这一平衡，需要对各种生产要素的可供应量与生产任务的需要量进行精确计算和比较。通过这种比较，可以找出余缺，并据此调整，最终实现生产要素与生产任务的平衡。这种平衡的实现有助于确保种植业生产的顺利进行，提高生产效率和经济效益。在实际应用中，综合平衡法可以与其他方法相结合，共同为种植业生产计划的编制提供科学依据。

（1）种植业生产的平衡关系

① 生产供应与市场需求的平衡；② 生产要素的平衡；③ 土壤肥力的平衡；④ 生产项目之间的平衡。

（2）种植业生产的平衡方法

在采用综合平衡法编制种植业生产计划时，编制平衡表是关键环节。平衡表的内容主要包括"需要量""供应量"和"余缺"三个主要项目，这些项目是实现生产要素与生产任务平衡的基础。平衡表的编制同样需要严谨地计算和比较，以确保生产计划的合理性和可行性。通过综合平衡法的应用，我们可以更好地掌握生产要素的供需情况，优化资源配置，提高生产效率，为种植业生产的可持续发展奠定坚实基础。

三、种植业生产过程组织

农作物的生产过程是一个复杂的系统，它涉及劳动过程和自然过程的紧密结合。首先，种植业的时序过程是农作物生产的基础，这包括耕地、播种、田间管理和收获等步骤。耕地是为了疏松土壤，使其适合作物的生长；播种是将种子播撒到土壤中，等待其发芽生长；田间管理是对作物进行定期的照料，包括浇水、施肥、除草和防治病虫害等；收获则是在作物成熟后将作物从田间收割下来。其次，田间布局、结构搭配、轮作制度、灌溉及施肥组织等空间过程也是农作物生产过程的重要组成部分。总的来说，农作物的生产过程需要根据作物的特性，采取合理的措施和方法，以实现高效、可持续的农业生产。

（一）种植业生产过程组织的要求

1. 时效性原则

农作物生产有着严格的季节性要求，要求必须严格遵循时间安排作业。错过农时，无论是播种还是收获，都可能对产量造成负面影响。因此，遵循生产计划并确保按时完成各项作业任务对于提高劳动的实效性至关重要。

2. 比例性原则

不同的农作物具有不同的生产周期，有的属于夏收作物，有的则是秋收作物。即使是同一种农作物，不同品种也可能存在早熟和晚熟的差异。为了合理使用生产要素并缓和资源使用的季节性矛盾，我们需要根据不同作物的生长周期和特点合理搭配。这种搭配不仅有助于提高生产效率，还有利于资源的优化配置和可持续利用。在编制生产计划时，我们应根据不同作物的生长周期和品种特点，制定相应的种植计划，以确保生产的顺利进行。

3. 标准化原则

标准化原则主要是指每项农作物都要制定规范的作业标准，严格按作业标准进行田间操作。只有这样，才能提高工效，保证作业质量，增加产量。

4. 安全性原则

农业生产中的安全性原则是农民和环境安全的重要保障。通过加强对劳动者的保护、提高劳动资料的安全性以及推动资源的可持续利用，我们可以有效应对农业生产中的安全问题，实现农业的可持续发展。首先，农民在农田中工作时，应该配备必要的个人防护装备，以降低农药中毒和其他意外伤害的风险。此外，农业机械设备的使用也应该符合相关的安全标准，定期维护和检查，确保其正常运行和安全性。其次，化学农药和化肥的过度使用会导致土壤污染和生态环境的破坏。因此，农业生产应该采用可持续的方法，如有机农业和生态农业等，减少对化学农药和化肥的依赖，保护土壤质量和生物多样性。

5. 制度化原则

制度化原则在农业生产中具有重要意义。为了确保生产过程的顺利进行，需要建立相应的制度来规范和指导生产活动，这些制度涵盖了生产作业内容、时间和生产职责等方面。

（二）种植业生产的时间组合

种植业生产的时间组合，也被称为轮作种植，是一种农业生产方式。作物轮种是指在同一块土地上，按照一定的时间间隔，交替种植不同的作物或同一作物的不同品种。这种种植方式的目的是充分利用土地资源，提高农作物的产量和质量，同时减少病虫害，以便作物的生长和产量提升。

作物轮种是一种结合了生物学特性和技术可行性的经济措施。它要求合理选择种类、品种和时间，以获得更高的投入产出率。

种植业生产的时间组合要求包括因地制宜、合理搭配、时间协调和多种经营。通过合理的作物轮作，可以提高土地利用率和单位耕地面积的生产量，满足市场需求和自给需求，实现时间协调和肥力互补，提高劳动生产率和成本产值率，同时这也有利于开展多种经营，提高专业大户的总体经济效益，推动农业的可持续发展，提高农民的收入水平，促进农村经济发展。

除了上述的定性分析，对种植业生产的时间组合进行定量分析同样至关重要。具体而言，可以将不同单项作物的轮作产量与效益进行细致的比较。通过这种方式，可以更精确地评估时间组合的有效性，进一步揭示其在提高农业生产效率和效益方面的潜在作用。这样的定量分析不仅有助于深化对种植业生产时间组合的理解，同时也为农业生产实践提供了更为科学和具体的指导。

（三）种植业生产的空间布局

种植业生产的空间布局是指在一定面积的耕地上，各种作物的空间分布方式。这种布局受到自然和经济因素的影响，不同地块的土壤性状和区位差异会对种植效果产生不同的影响。为了优化农作物的布局，需要考虑多个因素。第一，国家合同订购任务是一个重要的考虑因素。根据国家的需求和政策，种植者需要合理安排作物的种植，以满足国家的收购需求。第二，专业大户内部生产和生活需求（劳动者口粮）也是需要考虑的因素。专业大户通常有一定的规模和生产能力，他们需要根据自身的生产计划和市场需求来安排作物的种植。同时，他们还需要考虑自身的生活需求，如粮食、蔬菜等。第三，当地自然环境（土地类型、气候）也是影响种植业布局的重要因素之一。不同地区的气候、土壤、水资源等条件会对作物的生长和发展产生影响。因此，在制定种植业布局时，需要充分考虑当地的自然环境特点，选择适应当地条件的作物种植。第四，作物茬口衔接和用地养地结合也是需要考虑的因素。合理的茬口衔接可以提高土地的利用效率，减少病虫害。通过合理的耕作措施，保持土壤的肥力和水分，提高土地的产出能力。第五，集中连片种植即将相邻的地块集中起来种植，便于使用农业机械进行作业，提高生产效率。

同时，应充分运用定量分析工具来合理安排种植业生产的空间布局。在实际操作中，有两种常用的方法：亩产量（亩效益）比法和线性规划法，这些方法的应用，有助于更科学地配置农业生产资源，提高土地利用效率和整体生产效益。

第三节 养殖大户的生产管理

一、养殖业生产管理

养殖业生产，就是指所有的家畜、家禽的饲养和渔业生产，主要生产肉类、蛋类、奶类及水产品；为轻工业提供毛皮等原材料；为外贸提供出口产品。养殖业的发展对于改善人们的饮食结构，提升人们的生活品质有着至关重要的影响。依据养殖对象的饲养特性和动物产品的消费需求，我们可以将养殖业大户分为四个主要类别。

第一类，主要的农产品来源于家畜，如饲养牛、马、猪、羊、兔等，主打产品包含了肉类、皮类、毛类和乳类等。

第二类，主要的农产品来源于家禽类，如饲养鸡、鸭、鹅、火鸡、鹌鹑等，主打产品则是肉类、蛋类、毛类等。

第三类，主要是对水域内各种生物的养殖，如养殖鱼类、虾类、贝类、螃蟹、水生藻类和珍珠贝类，主要商品就是水域内的动物的肉和其他寄生性的东西。

第四类，主要是对各种昆虫的养殖，如养殖蜜蜂、蚕、蚯蚓和蝎子。主要商品包括昆虫的花粉、纤维、皮革、整体等，同时也包括关键的医疗用途材料。

鉴于养殖业涵盖的领域广泛，下面将以养殖家畜和禽类的专业大户为研究对象，详细阐述养殖业生产专业大户的管理策略和技巧。

（一）养殖业的生产特点

1. 兼顾自然规律与经济规则

由于养殖业的自然再生产与经济再生产的复杂性，专业大户需要根据自然规律来安排生产活动，并且他们也需要遵循经济规则来进行生产管理，以获得更好的经济收益和环境效益。

2. 养殖业生产的转化性

动物能源的转化是由养殖业实现的。在生产成本中，饲料占据了重要的地位，因此提升饲料（或饵料）的转化效率是养殖业生产管理的主要任务之一。

3. 养殖业生产的周期长

养殖业的生产周期相当漫长，需要在这个过程中投入大量的劳动力和资金，只有在生产周期结束后，才能获取收益，以实现资金的回流。根据生产的时间来看，奶牛会经历高产、低产以及干浮期，而蛋鸡则会经历产卵和休息期等。所以，我们需要在生产过程中选择高质量的品种，实施科学的饲养管理，以便延长生产周期，并提升家禽家畜的产出效率。

4. 养殖业生产的双重性

母畜、种畜、奶畜等作为繁殖工具和生产物资，同时也是劳动成果和消费物。养殖业的运营不仅要满足社会对日常消费品的需求，还要确保专业大户能够自我再生产，因此，它们具备双重属性。

5. 养殖业生产的可移动性

畜禽能够被集中饲养和异地培育。利用这一优势，可以抵消环境等因素的负面效应，创造出适合养殖业生产的优质外部环境，从而确保养殖业生产流程的顺畅进行。

（二）养殖业的生产任务

按照市场的需求，结合资源环境和经济技术状况，养殖业生产任务是构建一个适当的生产模式。通过运用科学的饲养手段，推动家畜、家禽、水产品的养殖和培育，以制造出更多更优质的畜禽和水产品，从而满足社会需求。

1. 确定生产结构

专业的养殖大户需要依照国家的经济发展策略、市场的需求及自己的资源情况，坚守"一个行业（或品种）为主导，多元化运营"的经营原则，并且要根据具体情况来决定畜牧业的生产模式。在拥有丰富的草料资源的地方，可以更多地发展牛、羊等食草动物养殖，同时也要适度的发展生猪和家禽养殖；在广阔的农田中，主要的养殖方式是养猪、鸡等家畜、家禽，如果条件允许，还可以同时养牛、羊等，这样就能最大化地利用农业的精饲料和秸秆粗饲料等各种资源，减少成本。

2. 建立饲料基地

饲料是养殖业发展的根本。为了推动养殖业的发展，并提升畜禽产品的品质，必须建立一个相对稳定的饲料供应基地，以确保畜禽的健康成长，并解决它们的"吃饱"问题。另外，还需要推动饲料加工行业的发展，制造出各种配方的饲料和添加剂，以提升饲料的品质，满足不同种类的畜禽、鱼虾在不同生长阶段的多样化营养需求，从而解决"吃好"的问题。

3. 提供优质产品

动物的品种好坏直接影响着植物饲料的转化效率及产品的生产效果。因此，必须持续引入并培育优秀的品种，开展规范化生产，以提升畜禽和水产品的内在质量，从而向社会提供更多的高质量产品。

（三）养殖业的生产组织与管理

1. 饲料组织与利用

养殖业的发展受到饲料种类、数量和质量的直接制约。

（1）广开饲料来源

一是要充分利用饲料基地的资源；二是合理地使用自然饲料资源，这样可以方便地从当地获取饲料，并且能够降低饲料的成本。

（2）做好饲料供需平衡

养殖业的品种和规模取决于饲料的数量与品质，所以，必须确保饲料的供应与需求的均衡。不仅需要准确地预估各类饲料的需求，还需要积极地安排饲料的来源，并在发掘饲料潜力的同时，确保饲料的供应与需求的均衡。可以通过创建一个平衡表来达到对饲料供应和需求的有序管理。

（3）合理利用饲料资源

饲料作为养殖业的基础资源，其配比和投放的数量与畜禽、鱼类的生长、进化及产品的生产有着紧密的联系。在畜禽、鱼类的成长发展过程中，不同种类、品种，甚至同一种类的不同发展阶段，都需要相应的营养元素。所以，在进行养殖业的生产时，需要从"收获什么，就给什么"的传统饲养模式转变为"喂什么，收什么"，并且科学地使用和搭配优质的饲料喂养，这样可以有效提升饲料与肉的转化率。

2. 饲养管理与规范

（1）规范饲养管理制度

饲养管理制度主要有：① 饲养的标准化流程，如喂食制度、饲料提供制度、优质品种的培育与传播制度，以及预防疾病的卫生制度等；② 饲养的责任制度，也就是责任与权益制度，涵盖了岗位责任制、定额计件责任制、喂食责任制，以及全面责任制等方面的内容。

（2）重视引进和改良品种

加强优质品种的培养与普及，增加优质品种的比例，是增强畜禽和水产品的产出和品质的核心。在引入优秀品种的过程中，我们需要增强技术管理，避免品种衰退，保持产品的质量。

（3）实行标准化生产运作

根据科学的管理规范，我们逐渐将畜禽按照性别、用途、年龄分组和分类，并且合理地设定各个组别的技术经济指标、饲料配比、饲养方式以及饲养管理规范，目的是提升养殖业的管理效率。

（4）适度扩大饲养规模

依据实际生产和市场需求的情况，适当扩大养殖规模，提升养殖机械化程度，逐渐推行专业化养殖，以达到规模经济效益。

二、养殖业生产计划

在养殖业中，除了需要专门的养殖技术人员来优化养殖管理，也需要有专门的管理人员来优化生产管理。优化生产管理的核心在于做好计划，这包括制定出生产计划和技术组织计划。下面将以家畜的生产计划为例进行阐述，养殖业的生产计划主要涵盖了如下四个方面。

（一）畜群交配分娩计划

畜群交配分娩计划，也就是在规定的年份里，畜群的交配和分娩次数，这是决定畜群生产量的重要因素。可以选择季节性交配和陆续性交配，两者都有其优点和缺点。季节性交配分娩应选择最适合的季节，尽可能地避免严寒和酷暑，以确保更高的受孕率和存活率；然而，这也意味着人力和设备可能会不够充足。陆续性交配分娩，意味着家畜在每个月都能平均地分娩，这样可以保证全年产量均衡；然而，严酷的气候环境会对母畜的生育造成不可忽视的影响，并且还会面临人工和设备投入不能满足规模需求的问题。因此，在制定畜群繁殖分娩计划时，必须考虑到市场的需求趋势、当地的自然环境、生产资源的情况。

（二）畜群周转计划

在特定的时间段里，由于新生、发育、采购、淘汰及死亡等各种因素，畜群的数量会频繁地波动。因此，我们需要依据畜群的构造、繁殖分娩计划、淘汰方案以及流通情况，来制定出适当的畜群周转计划。

（三）畜产品产量计划

根据生产任务的差异，可以制定家畜肉类和奶类的产量计划。

（四）饲料供应计划

饲料供应计划的制定是根据特定的时间和养殖的头数来进行的。通常，饲料的需求量可以采取年度计算和月度计算两种方法。在月度计算饲料需求量时，可以根据畜群周转计划中每个畜群的月平均头数加上每个月的饲料预算来进行计算。

三、专业化养殖场生产管理

（一）专业化养猪场生产管理

从养猪场的类型来看，可以将其划分为三个大类：第一类是自繁自育的猪场，这包括了繁殖和育肥的环节；第二类是只进行繁殖和销售仔猪的猪场；第三类是购买仔猪进行育肥的猪场。接下来，将以自繁自育的猪场为例，详细解析专业化养猪的生产管理。

1. 仔猪选留

（1）猪的生物学特性和经济类型

在生物学的视角下，猪的性别发育较早，繁殖能力强，生长速度迅猛，饲养费用较低，屠宰率也相对较高。通常，猪的屠宰率在60%～75%，而牛的屠宰率在50%～60%，羊的屠宰率在40%～50%。根据猪的生产效率、肉质和脂肪含量等特征，它们可以被划分为脂肪型、瘦肉型和兼用型。脂肪型猪的特征主要表现为脂肪含量高，通常占据了猪身体的55%～60%，而瘦肉的比例约为30%。瘦肉型猪，又被称为腌肉型猪，其瘦肉的比例在55%～60%，而脂肪的比例则约为30%。兼用型猪身体内的肥瘦肉的比例基本保持不变。

（2）猪的选种和育肥仔猪的选择

① 猪的选种

首先，根据猪群的整体状况来选择种猪，考虑其体型、生长发育、产仔数量、初生体重、疾病状况等；其次，根据猪的个体品质来选择种猪，主要考虑经济类型、生产性能、生长发育和体型等因素。

② 育肥仔猪的选择

首先，从品种的角度来看，选择改良猪种和杂交猪种，因为它们的生长速度比一般猪种快；其次，从个体的角度来看，选择体型健壮、行动活跃、尾巴有力的个体。

2. 饲料利用

（1）猪饲料的选用

依照猪的饲料特性和其在各个年龄和成长阶段的营养需求，挑选合适的饲料进行喂养。尽管仔猪的生长和发育正处于旺盛期，但其胃肠的容积较小，消化功能较差。因此，应该选择易于消化、营养丰富且纤维含量低的高能量、高蛋白的饲料。种猪的消化系统已经完全成熟，胃肠的容量也相当大。因此，为了让它们的骨骼和肌肉得到充分的发展，可以适当地提供一些粗粮和新鲜的饲料。然而，由于催肥猪的骨骼和肌肉生长速度正在减慢，脂肪的堆积也在增加。因此，此时应该更多地提供富含淀粉的混合饲料。

（2）饲料报酬的分析

饲料是畜牧业生产的关键要素，其配比和投入量对于动物的生长、发育以及产品的形成都有着紧密的联系。各类动物的生长、发展及它们产生的产品，都有其独特的规律，并且其饲料转化率也各不相同。因此，为了满足各种养殖需求，制定了各种最低成本的饲料配方，以增加饲料的边际投入，实现最大的产出效益。通常，使用以下的计算公式来计算饲料产生效益。

$$饲料转化率（\%）=\frac{畜产品增重（千克）}{饲料消耗量（千克）}\times100$$

$$料肉比 = \frac{饲料消耗量（千克）}{畜产品增重（千克）}$$

鉴于饲料和畜产品的种类繁多，其营养成分差异显著，因此很难准确评估其利用效率。因此，通常会将各类畜产品的产量和消耗的饲料量转化为能量单位（焦耳），并用饲料转化率作为评估标准。饲料转化率可以作为衡量养殖业生产水平的重要指标。如果饲料转化率较高，那么就意味着饲料的使用效率高，畜产品的成本也相对较低，经济效益也相对较好，这表明养殖业的生产水平较高。

3. 猪的饲养管理

对于仔猪的饲养，基本准则是"全活全壮"。在仔猪出生后的一周内，需要重点关注它们的存活情况。首先，需要做好防寒保暖等护理措施；其次，需要做好饲养工作，主要使用高品质的饲料，并且保证饲料种类多样化。同时，也需要及时为母猪补充饲料，以避免影响仔猪的存活。

对于猪的育肥，其主要目标是：每天都能快速增重，并且在最短的时间里，以最少的饲料和人力，制造出高质量的肉类产品。常见的育肥方式包括两种：首先是阶段性育肥，也就是按照猪的生长模式，将整个育肥过程分为小猪、架子猪、催肥猪等几个阶段，并根据"小猪长皮、中猪长骨、大猪长肉、肥猪长膘"的生长发展特性，选择适当的饲料搭配。在最终的增肥阶段，除了增加优质饲料的摄入，应该尽可能地使用青粗饲料。这种方式的优势在于：饲料消耗量少，育肥周期长，通常在饲料条件不佳的情况下使用。另一种是直线育肥法，也就是根据各个生长发育阶段的特性和营养需求，从育肥开始到结束，始终维持较高的营养水平和增重率。这种方法的育肥周期短，转化速度快，增重量大，经济效益显著。

（二）专业化养鸡场生产管理

1. 养鸡场的种类

当前的养鸡场已演变为具有高度专业、多样化、庞大的制造商。依照其运作的各种策略与生产目标，它们可以被划分为两类：一类是专业化养鸡场，另一类是综合性养鸡场。

（1）专业化养鸡场

种鸡场主要是育成并繁衍出优质的鸡类，并向公众提供种蛋和种雏。这样的鸡场在提升养鸡行业的生产效率上发挥了关键的作用。肉鸡场则是专门为公众提供肉食性小鸡的商业性鸡场，以满足公众的肉食需求。

（2）综合性养鸡场

综合性养鸡场包含了供应、制造、处理和销售的各个环节，其生产规模庞大，经营领域广泛，且具备较高的集约化水平，构建了一个由专业大型企业组成的联合体系，这是商品化鸡类养殖行业发展到一定阶段的结果。这类专业代养鸡场通常配备了饲料工厂、祖代鸡场、父母代鸡场、孵化器、商品鸡场、屠宰加工厂等，为社会提供种鸡、种雏、商品鸡、切割鸡肉等各类产品，并销售至全球各地。

2. 饲养管理方式

饲养鸡群是养鸡场的基础、常规和大规模生产任务，这项工作的目标包括：首先，确保鸡群得到优质的照料和饲养，以保证其健康成长并提供丰富的产品；其次，节省饲料开销和在饲养过程中的劳动消耗，以提升饲料回报率和劳动效率，从而降低生产成本。

（1）饲养技术方式

饲养技术方式主要有平养和笼养两种。

① 平养

这种方法又可以划分为地面平养、栅条平养和网上平养等。地面平养是在鸡舍的地面上铺设垫料（如锯末、砂土等），让鸡在这些垫料上自由活动和进食。这种方法简单易操作，投资成本低，但是饲养密度较低，通常每平方米能够养 8～10 只肉鸡和 4～6 只蛋鸡。栅条式养鸡法，即在鸡舍地面上设置一定高度的柳条或竹竿等支撑物，形成一层漏缝地板，让鸡在其上生活。这种方法的优势在于鸡床干燥、卫生，可以在当地取材，投资成本较低。通常，每平方米可以养殖 11～15 只肉鸡和 7～9 只蛋鸡。网上平养使用金属网作为鸡舍的床垫相对较为稳固，但其成本也相对较高。

②笼养

根据饲养技术，笼养分为开放式和密封式两种。其中，开放式笼养侧重于自然光照和自然通风换气，而密封式笼养则是构建能够人为调节环境的鸡舍，确保其内部的温、湿度和光照条件适当。笼养方式有助于增加鸡的饲养密度和每平方米的饲养数量，这样有利于集中管理，降低工作压力，并降低鸡群患病的风险，从而提升集约化的程度。然而，这种方式的技术要求较高，需要较大的投入，只有满足特定条件的养鸡场才能实施。

（2）饲养管理方式

一旦确定了饲养方式，就需要执行适当的饲养管理。也就是说，通过合理的工作分配和人员配置，来确保日常的喂食任务能够顺利进行。在养鸡场，每日喂食任务涵盖了一系列的操作步骤，这些步骤都是由各个职业的工人们共同完成的。在专业化的养鸡场里，通常会有一些饲养员根据鸡舍或鸡栏来分工，负责管理特定数量的鸡群，这样可以确保喂食任务能够顺利地完成。

3. 养鸡场环境的控制

养鸡场环境，通常是指多种影响鸡养殖生产的外部条件，这些条件包括养鸡场所在的地理位置、设备设施、鸡舍内的微气候及饲养密度等。

（1）场址选择

养鸡场作为一个生物制造厂，为了确保鸡的健康成长，需要满足以下四个条件：第一，空气清新、无病原体污染；第二，有足够可靠的水源，最好是自来水或深井水；第三，交通运输便捷，包括陆路和空中运输；第四，电力供应充足，以满足孵化、育雏、育成、产蛋的动力需求，以及饲养加工、抽水、照明等各项需求。

（2）温度控制

养鸡场适宜的温度范围在 18.3～23.5 ℃至 18.3～23.5 ℃，通常在 13～29 ℃。过高的温度会导致鸡的饮水量增加、呼吸速度加快、体温上升、血钙含量降低，进而引发蛋壳变薄、鸡体重下降、产蛋量减少及蛋的质量下滑等问题。因此，在夏季炎热的时候，应该想办法降低温度，关注鸡舍的屋顶保温性，增加通风量；在冬季，我们需要注意提高温度，晚上可以在饲料中添加一些油脂，这样可以增加热量，提升鸡的抵御寒冷的能力。

（3）光照控制

如果产蛋鸡的日照时长在 11～12 小时，它们的产蛋量会有所提高，而当达到 14 小时以上，这种提高的效果会变得更加明显。通常，产蛋鸡的日照时长应该是 16 小时。然而，如果日照时长达到或超过 17 小时，这将对产蛋产生负面影响。一般来说，光照的变动会在 10 天之后显现出效果，因此，将育成鸡的光照计划调整为产蛋鸡的光照计划，最佳的时机应该是 20 周龄，并且需要对饲料配比进行相应的调整和增加供给量。延长光照时间通常有三种方法：首先是早晨补充光照；其次是傍晚补充光照；最后是早上和傍晚都进行光照的补充。

（4）换气通风

鸡在成长过程中需要排泄粪便，吸收氧气，并呼出二氧化碳，这导致鸡舍中的有害气体较多，主要包括氨、硫化氢和二氧化碳。因此，鸡舍的布局应全面考虑饲养方法、饲养阶段、喂食机械化水平、清理粪便的方式、通风设备等因素，以确保鸡舍有充足的新鲜空气，提高氧气含量。

4. 疫病防治

在大规模生产环境中，严格执行疫病防控措施是确保鸡群健康发展并获得高产、高收益的关键。因此，需要坚持"预防优先"的原则，严格执行卫生防疫规定，实施预防接种，及时消灭疫病，为鸡的健康发展创造优良的环境。因此，要完成以下任务。

（1）加强饲养管理，搞好清洁卫生

饲养员需要保持个人卫生，确保鸡的身体、饲料、饮水、食具和垫料干净，并且要及时清理粪便，非饲养员不能进入鸡舍。

（2）坚持消毒制度，定期接种疫苗

消毒是防止所有传染病源头的关键步骤，可以使用机械、物理和化学等方式消毒，并且要实施定期、连续和突发的消毒措施。为了避免疾病的出现，可以根据所在地区的鸡传染病种类和毒性，结合场地的具体状况，制定免疫计划，并定期进行各类疫苗的预防接种。

（3）尽量发现疫情，及时扑灭疫病

当鸡场遭遇传染病或者可能的传染病时，必须坚持"早发现、快速治疗、严格控制"的原则，立即进行诊断并尽快消灭病源。对于患病的鸡，必须严格隔离，对健康的鸡要进行疫苗接种和疾病预防。对于病情严重的鸡，必须坚决淘汰，鸡的尸体、粪便和垫料等应运送到指定地点进行焚烧或者深埋。

5. 养鸡生产的周转

在一个生产周期结束后，饲养的鸡会进入下一个生产周期，此种变化被定义为生产周转。通常，它的实现方法包括两种。

（1）"全进－全出"制方式

此方式是让同一天出生的鸡群一起进场，在生产期满后一起出场。这样的运营周转模式，首先能够最大限度地利用鸡的最佳生长时期，从而实现高产和高收益。其次它还能够有效地进行严密的疫苗管理。通过这种方法，我们可以尽可能地消除场内的疾病源，防止各类传染病的再次感染，并确保所有接种了疫苗的鸡都具备相同的免疫力。大部分的肉鸡生产都是通过这样的周转方式进行的。

（2）再利用方式

蛋鸡的再利用方法是一种独特的周转模式，也就是在一个产蛋周期结束后，通过强制换羽，让产蛋鸡暂时休产一段时间，然后再开始第二个产蛋周期。有些鸡还需要进行第二次强制换羽以进入第三个产蛋周期。

第四节　农产品加工大户的生产管理

推动农产品加工行业的发展，能够提升农产品的科技含量和附加价值，这是提高农民及专业大户收益的关键路径。农产品加工行业拥有广阔的市场潜力，伴随着科技的发展和农业产业布局的优化，农产品加工行业在农村经济发展中扮演至关重要的角色。

一、农产品加工业生产过程管理

农产品加工生产过程，一般分为生产准备过程、基本生产过程、辅助生产过程和生产服务过程等。

（一）生产准备过程

生产准备主要从两方面进行：一方面是硬件设施；另一方面是软件基础。

1. 硬件设施

（1）加工原料配备

对于专业的加工大户来说，最复杂且常规的准备工作就是采购、运输和储存各类农副产品原料。这些主要的原料包括粮食、棉花、油脂、糖分、茶叶、肉类、水果、原木、草药、皮革等，其中大部分都是新鲜的，有些易腐烂、易损坏，不适合储存。因此，在进行生产准备时，应当选择适当的购买方式、购买数量、运输方法及储存方法等，以确保加工产品的品质。

（2）技术工艺工作

技术和工艺工作涵盖了产品设计、生产流程规划、技术蓝图、生产文档以及新产品试验等。唯有持续运用先进的科技和生产流程，并坚守小规模、多样化、高质量的竞争策略，专业大户才能在激烈的市场竞争中保持领先地位。

（3）生产条件供给

依据生产工厂和生产区域的工作面积和设备需求，适当配置电力、水源和气源设备，以保证生产的连续性。

（4）质量检验体系

大部分农副产品的加工产品，特别是食品类产品，对人们的健康有着直接的影响。因此，检验、保证产品质量是提升专业大户知名度和竞争力的核心要素。

（5）安全保障措施

主要是为专业大户生产准备必要的卫生检测、安全设备、劳动保护、消防器械等设备。新建的加工专业大户，还需要完成工程验收和操作工人的技术培训等产前试操作工作。

2. 软件基础

（1）组织规章制度

主要依据专业大户的生产规模、任务及产品特性的差异，设立对应的责任体系和法规。这包含了生产责任制、岗位责任制、安全法规等，清晰地界定了专业大户内部各层次的生产机构及各个功能部门的权力、责任。

（2）生产管理制度

生产管理制度涵盖了劳动力、物资储备、原料消耗和能源消耗等方面的规定，并且根据各个生产环节的生产目标，将特定时间段内所需的劳动力和生产要素合理分配，以确保各个生产环节的顺利进行。

（3）专业大户经营计划

专业大户经营计划涵盖了年度生产财务规划、阶段性工作规划、劳动力配置规划、生产进度规划及原材料供应规划等。总的来说，其应具备科学的预测能力，不仅要预测专业大户在生产经营过程中可能遇到的各种问题，还要预见科技进步和市场需求变化对专业大户产生的影响。大部分农副产品加工业是生活必需品的制造业，其特性包括低有机构成、快速的资金流动和易于吸引闲置资金，因此是一个竞争激烈的行业。

（二）生产过程组织

生产过程，即对劳动对象的物理和化学属性进行直接改变，使其转化为专业大户主要产品的直接加工和处理过程，这个过程是专业大户生产经营全过程的核心环节。

1. 生产过程组织的要求

农副产品的加工制造是一个复杂的生产系统，它依赖于现代的工业制造技术和管理手段，通过专门的分工与合作，并利用各种不同的工艺流程和各种机械设备。基本的生产过程组织需要考虑到专业大户的生产技术环境、工艺属性、生产种类、生产任务及他们的专业化生产方向的特性，以满足市场的需求，从而保证基本的生产过程能够高效地进行。

（1）生产过程的连续性

产品生产的连续性表现为各个阶段和工序之间的相互关联和有序运作。在一个工序完成后，劳动对象会立即被转移到下一个工序，保证其处于连续的加工、检测和运输状态。在某些产品的生产过程中，我们需要依赖自然力量，如风干和晾晒等步骤。为了保证生产过程的连续性，我们需要制定详尽的工作计划，使得人工处理过程和自然力量处理过程能够相互衔接，防止不合理的中断。

（2）生产过程的比例性

基本生产过程的各个工序之间，需要保持一定的比例关系，以确保每个步骤的工作量大致平衡。然而，随着生产的发展、产品种类的增加、新技术的引入、新材料的使用、管理体系的完善等因素的变化，我们必须对原有的比例进行适当的调整。

（3）生产过程的节奏性

生产过程的节奏性指每个生产步骤在相同的时间段内，生产出等量的产品，没有出现过度紧张、前后不一致、突然加班的情况。简而言之，就是所有的工作环节都能够平衡地承受负荷，平衡地产出产品。

（4）生产过程的合理中断

某些农副产品加工业的某些生产工艺过程，需要依赖自然力量，促使劳动对象产生物理或化学反应。例如，酿酒行业的发酵步骤、药草制造行业的晒干步骤等。这代表着加工过程暂时中断，中断一段时间后，再重新启动。这种生产特性需要注意生产流程的合理规划，以确保生产流程的连续性。

（5）生产过程的适应性

生产过程的适应性是指专业大户在生产过程中能够适应各种品种的变化，产品升级和更新，以及使用新技术和新材料的能力。这对于专业大户应对市场需求的多样性、增强其竞争力及提高其经营的稳定性具有极其重要的意义。为了提升专业大户的生产效率，在购买设备和制定计划时，必须有长期的规划，不能只看眼前利益，应该尽可能地使用先进的加工技术，通过提高生产过程的适应性来增强产品对市场的适应性，从而提升专业大户的经济收益。

这五个要求是相互关联和制约的，只有当它们都被充分考虑，我们才能确保基础生产流程的高效和有序进行。

2. 生产过程组织的形式

生产过程组织的形式，一般有大量生产、成批生产和小批量生产三种。

（1）大量生产

在一段时间内，重复制造一种或几种产品，这种方式的特点是产品种类较少，但批量却很大，产出也很多。每个工作场所都会固定地完成 1～2 道工序，这使得专业加工大户的专业化水平提高了。

（2）成批生产

在一段时间内重复生产许多产品，这些产品的种类并不丰富，每一种产品都有一定的数量，生产环境相对稳定。然而，各个工作场所需要承担的加工工序较多，专业化程度相对较低。批量生产可以根据工作场所需要完成的工序数量和每个产品的批量大小，分为大批量生产、中批量生产和小批量生产。

（3）小批量生产

在某一阶段，频繁地生产各种产品，而对于同一种产品的重复制造则相对较少。这种方式的主要特征是产品种类众多，每种产品仅有一个或几个，生产环境极为不稳定，工作环境的专业化水平较低，而且生产设备和技术流程具有高度的通用性。大部分的原材料都会根据农副产品的收割季节来采购和处理。

3. 生产过程组织的方法

所有农业专业大户的生产过程组织工作，都涵盖了两个相互关联的部分，也就是生产过程的空间组织和时间组织。

（1）生产过程的空间组织

生产过程的空间组织的主要作用是确定农副产品在处理过程中的空间运动模式，也就是说，生产过程的各个阶段和各个工序在空间上的分布以及原材料和半成品的运输路径。同时，空间组织还需要与相应的生产单位的组织方式相结合。

生产过程的空间组织，是指专业大户的生产车间和班组的专业化方式。农副产品加工大户内部的生产单位（车间、班组）的布局，通常有三种基本类型。

第一，工艺专业化。根据制造过程的特性来确定生产部门，其优势包括：可以最大限度地提升生产效率和利用生产区域；可以适应各种产品类型的多样化生产需求；可以实施专业的工艺管理；可以促进同一职务的员工之间的相互学习与沟通，从而提升技术能力。劣势包括：生产过程中，劳动者（加工产品）的流转路径较为漫长；原材料和半成品的运输需要大量的人力；劳动者在生产阶段的停留时间较长，导致产品积压；生产周期较长，需要投入更多的流动资金；各个生产部门的计划管理、在制品管理、质量控制等任务相当烦琐。

第二，对象专业化。将产品作为生产基础，一个封闭的单元可以独立执行一个产品的全部工艺步骤。根据各种产品的特性，配置相应的设备，并由各种岗位的员工使用各自的技术手段，对相似的物体进行处理，从而能够单独生产一种产品。优势为：可以缩短制造过程，减少额外的人力；可以降低生产成本，缩短制造周期；可以简化制造部门间的合作关系，简化各类管理和产品成本计算。劣势为：因为使用的设备具有高度的专业性，但通用性较差，无法充分发挥设备和人力的效益；生产技术繁多，不利于专业化生产；无法适应产品种类繁多的情况等。

第三，将工艺专业化和对象专业化相结合。这是一种基于综合性原则，吸纳了前述两种方法的优势，并避免其不足的生产单位布局模式。

（2）生产过程的时间组织

生产过程的时间组织的主要作用是协调各个生产工序，以最大限度地缩短生产周期。通常，这些生产工序之间的移动方式有三种。

第一，顺序移动方式，指的是在上一个工序全部完成后，整批产品才会被集中运送到下一个工序加工，从而使得整批产品在各个工序之间移动。

第二，平行移动方式，指的是一个产品在完成特定的工序后，立刻进入下一个工序，从而使得产品在各个工作场所之间进行逐一移动。

第三，平行顺序移动方式。这是前两种方法的融合，也就是说，在工作车间处理产品的移动有两种情况：一种是当前一个工序处理单个产品的时间小于或等于后一个工序的处理时间，一旦处理完一件（或一批）产品就立刻转移到下一个工序。也就是说，按照平行移动的方式进行移动；另一种是当前一个工序的处理时间超过了后一个工序的处理时间，那么只有当前一个工序处理完的产品数量足够满足后一个工序的连续处理时，才会将处理完的产品转移到下一个工序。

分析上述三种移动方式后，我们发现，使用顺序移动方法可以简化生产过程中的组织工作，但存在一些问题，如生产周期较长、资金流动缓慢、产品积压等。而使用平行移动方法，尽管生产周期较短，但由于产品加工的各个步骤的劳动强度通常不同，劳动力和设备有时会出现闲置等待的情况，导致工作停滞或者材料不足。虽然平行顺序移动法融合了前述两种方式的优势，但其组织过程相对烦琐。因此，专业大户需要全面评估上述各种方法的优劣，权衡利弊，根据自身的生产类型、规模和特性，决定使用何种方法来组织生产过程。

二、农产品加工业生产质量管理

产品的品质直接影响着专业大户的成败，在当今全球经济一体化的背景下，我国的农产品加工行业正处于竞争愈发激烈的国际市场和国内市场中。只有在品质、种类、价格、售后服务等各个方面具备优势，这些行业的专业大户才能够生存并发展。所以，专业大户的运营策略中，质量管理占据了关键的位置。

（一）产品质量标准

产品的质量标准就是针对商品的类型、尺寸、质量的实际需求及相应的测试手段，制定的详细技术条款，这也成了专业大户在进行生产管理以及解决质量问题时的技术支持。这个标准可以被划分为四个等级：国际标准、国家标准、部颁标准和专业大户标准。

1. 国际标准

从 1978 年 9 月开始，中国正式成为国际标准化组织（ISO）的一员。国际标准通常是由特定的全球机构按照特定流程设立的规范。在现代社会，国际标准化行动通常都是由国际标准化协会（ISO）及国际电工委员会（IEC）进行的。ISO 9000 系列规范被全球广泛接受，是一种质量保障体系。这个系统包括 ISO 9000、ISO 9001 和 ISO 9004 三个主要组成部分。

（1）ISO 9000 的核心内容在于解释质量术语的基础理论，以及在商业环境下如何运用国际质量标准。

（2）ISO 9001 是开发、设计、生产、安装及服务的质量保障准则。这套准则涵盖了所有专业大户的活动总体标准，详细描绘了产品设计、开发以及售后服务的整个质量流程。它要求专业大户提供充分的证据，证明自身在合同评估、产品设计及售后服务的每一步都具备严格的控制能力，确保设计、开发、生产、安装和售后服务的每一个环节都满足相关规定。

（3）ISO 9004 是质量管理体系的重要参考，并在非合同环境下被用来引导专业大户的管理，这个标准详细解释了在非合同环境下的质量准则。它对质量基础元素的定义、目的及所有的质量管理行为的内容、需求、手段、人员及相关的文件和记录进行了清晰的规定，并为影响产品质量的技术、管理和人力资源等因素的控制提供了全方位的指引。ISO 9004 在专业大户的质量管理领域被认为是 ISO 9000 系列标准中最为合适的一个。

2. 国家标准

国家标准是指对全国的技术经济发展具有深远影响、在全国范围内统一实施的规范。通常用 GB（强制性国家标准）和 GB/T（推荐性国家标准）来标识。

3. 行业标准

所谓的行业标准，就是在全国范围内统一实施的标准，这些标准由各个行业部门发布并向国家标准化管理部门提交备案。

4. 企业标准

企业标准是由企业自行设定的规范。国家标准、行业标准和企业标准之间存在一定的联系，企业标准必须遵循国家和行业标准，不能与之产生冲突。

（二）生产过程的质量控制

生产过程的质量控制，是达成产品开发设计目标，保证产品品质的关键步骤，也是达成专业大户质量目标的主要保障。因此，专业大户必须严格把控生产流程每一个环节的质量，坚决遵守并完全满足质量技术和管理的规定。

1. 技术准备过程的质量控制

技术准备过程质量控制的目的是确保正式生产过程能在受控的环境下进行。因此，专业大户必须着重关注以下四个方面的质量控制活动。

（1）质量控制策划

质量控制策划，是指对质量方案、系统文件和流程文件进行明确制定，对影响生产过程的质量因素，如人员、设备、原材料、工艺方式、生产环节等进行全面控制。这包括制定质量统计和检测技术规则，控制和优化工艺流程，建立过程检查和最后验证报告制度，制定适当的清洁和安全规范，研究提高生产过程质量的新策略等。

（2）过程能力控制

在技术准备过程中，需要检验过程能力是否达到产品标准。过程能力的检验涵盖了材料、设备、计算机系统及其软件、程序、人员及相关工作。

（3）辅助材料、设施、环境的验证

即对辅助物资和设施，如生产用水、压缩空气、电力、化学物品等的管理与定期检查，同时也要对湿度、温度及卫生等生产环境进行监督与检查。

（4）搬运控制

产品搬运，必须有合适的规划和管理，也就是说，原材料、在制品及最终产品等的运输，应当按照规定的程序进行。在产品的运输过程中，应当正确地挑选和使用货盘、容器、传送设备及运输工具，以确保在生产或交付的过程中，不会因为振动、撞击、磨损、腐蚀、温度或其他任何因素导致产品的损坏或变质。

2. 基本生产过程的质量控制

基本生产过程质量控制涵盖了从原料投入到最终产品完成的全过程。

（1）过程控制的内容

第一，对技术文件的控制。在制造过程中，所使用的技术文件必须是现行有效的，并且需要保证其准确、完整、协调、统一、清晰及文图一致。

第二，对过程更改的控制。严格遵循过程更改的批准流程，每次更改后，应立即进行评估，以确认所做的更改是否对产品质量产生预期的影响；同时，还需要将过程更改导致的产品特性变化记录下来，并通知相关部门。

第三，对于物料的控制。所有进入生产过程的原材料和部件都必须满足相关的质量标准，替代物料的使用必须按照规定程序进行审批；在生产过程中，物料应被妥善地堆放、分隔、运输、储存和保管，以避免碰撞、划痕、变质、混合等问题，从而保证其性能。

第四，对设备的控制。在使用前，所有设备都应根据规定进行检验和验收，以保证设备的技术状况良好。特别需要关注制造过程中特定计算机和软件的维护；制定预防性维修保养计划，以保证设备的持续使用能力。

第五，人员控制。所有生产环节的操作员和检查员都必须具备必要的知识、技术和相关技能。

第六，环境控制。创造适宜的加工环境，满足工艺技术的需求，并遵循环保法规。

（2）最终产品的验证

产品质量验证的核心是"识别、审查和报告"来确认产品质量的一致性，也就是通过对产品的识别和审查，将产品检验报告及时传达给决策部门，以便对产品的生产过程或质量体系进行修正。

3. 辅助服务过程的质量控制

辅助服务过程主要包括物资提供、设备维护保养、工具生产和供应、燃料动力供应、仓库管理及运输服务等各个环节。

（1）物资供应的质量控制

物资供应的质量控制的职责是确保所提供的物资满足规定的质量标准，按照所需质量和数量及时供应，并合理储备。因此，我们必须对入库前的物资进行严格的质量检查和验收，以加强物资的储存管理。

（2）设备的质量控制

对于生产设备的采购、验收、安装、使用、维护保养及定期修理，进行严格的管理，以保证其技术状况的完整性和稳定性。

（3）工具、量具、工装供应的质量控制

大部分的工具、量具和工装需要长时间使用，为了有效地进行质量管理，首先，必须设立专门的机构进行监督和控制；其次，严格遵循工作流程，确保质量标准合格，例如，量具的验收、维护、发放、鉴定、校准和修复等步骤，都需要满足规定的流程要求。

第四章　家庭农场的经营与管理

本章为家庭农场的经营与管理，依次介绍了家庭农场的认定与创办、家庭农场的发展规划、家庭农场的财务管理、家庭农场的风险管理四个方面的内容。

第一节　家庭农场的认定与创办

一、家庭农场的认定

（一）家庭农场的认定途径

在家庭农场的认定上，存在多样性和区域差异。家庭农场的注册形式不统一：有些注册为个体工商户，有些则为个人独资企业或有限责任公司。这种多样性导致了不同地区在是否需要工商注册上的观点不一，让许多家庭农场主感到困惑。

农业农村部发布的《关于促进家庭农场发展的指导意见》为这一问题提供了指导。这份文件强调，家庭农场可以根据自己的意愿决定是否进行工商注册，以获得市场主体资格。农业农村部和国家工商管理总局通过专题调研达成共识：家庭农场是自然发展的经济组织，许多较大规模的经营农户实际上就是家庭农场，他们可以选择是否注册，注册形式也可以灵活多变。

实际上，经济发达地区的家庭农场更倾向于工商注册，尤其是那些农产品附加值高或发展外向型农业的农场，注册可以增强他们的公信力和竞争力。农业农村部建议，应建立家庭农场管理服务制度，县级农业部门需要建立家庭农场档案，并根据当地实际情况明确家庭农场认定标准，对农场主的资格和管理水平提出要求。这样的措施旨在规范家庭农场的管理，同时保持其灵活性和多样性。

（二）家庭农场的认定方式

家庭农场的认定标准主要涉及三个核心方面，体现了家庭农场的特性和运营原则。第一，家庭经营是核心。家庭农场主要依赖家庭成员进行农业生产活动，即使雇用了工人，这些雇工也仅起到辅助作用，这种模式强调家庭在农场运营中的中心地位。第二，专业务农是重要特征。家庭农场专注于农业生产，主要涉及种植和养殖业的专业化生产。这些农场通常具备较高的经营管理水平，能够示范带动周边农业发展，同时具有较强的商品农产品生产能力。第三，规模适度是关键。家庭农场具有较大的种养规模，但并非越大越好。适度的规模可以确保农场主获得与当地城镇居民相当的体面收入。具体规模标准因地而异，如安徽、江苏、上海等地的标准就存在差异。安徽省提出家庭农场连片规模应在 200 亩以上，江苏省提出的是 100～300 亩，上海市则提出以 100～150 亩为宜。面积小了自然不能实现规模效益，但家庭农场并非越大越好。

专家建议，在确定家庭农场的规模时，应考虑三个方面：一是农场规模应与家庭成员的劳动和经营管理能力相匹配；二是农场应能实现较高的土地产出率、劳动生产率和资源利用率；三是农场的经营应能确保农场主获得与当地城镇居民水平相当的收入。这些考量有助于确保家庭农场的可持续发展和经济效益。具体来说，可以从五个方面展开，即组织主体、组织方式、经营领域、经营规模和市场参与。

家庭农场作为一种新兴的农业经营模式，其培育和发展需要综合考虑多个关键因素，以确保其健康、可持续发展。

（1）组织主体：家庭农场的核心组织主体是家庭，以家庭户主为主导，主要家庭成员共同参与。在这种模式下，家庭成员的独立市场决策能力是决策过程中的重要部分。随着农村劳动力的流动，农业生产决策变得更为复杂，包括非户主的决策在内。

（2）组织方式：家庭农场应采取企业化的组织方式，这有利于土地流转、市场融资等市场资源的配置。中国在企业市场经营管理方面拥有成熟的做法和经验，这有助于对家庭农场进行规范化管理。

（3）经营领域：家庭农场以农业为基础，但其经营领域不仅限于传统的种养业，还应拓展到服务、生态等多元化领域，以实现"三生一服"（生产、生活、生态和服务）的综合经营功能。

（4）经营规模：经营规模应视为参考性指标，因各地区土地资源禀赋存在显著差异。建议规模可参照当地人均耕地面积的 50 倍左右，以适应不同地区的实际情况。

（5）市场参与：作为企业化组织，家庭农场的经营目标是追求利润最大化。这需要较高的市场参与度，产品和服务的商品化率应达到80%。

考虑到家庭农场刚起步，国家鼓励条件成熟的地区先行建立家庭农场注册登记制度。这涉及家庭农场认定标准、登记办法的明确，以及专门的财政、税收、用地、金融、保险等扶持政策的制定。

家庭农场发展的过程也是一个学习和适应的过程。农民家庭需要不断提升自身的市场意识水平和经营管理能力，以便更好地适应市场经济的要求。同时，国家和地方政府应提供必要的指导和支持，包括培训、技术支持、市场信息等，以促进家庭农场的健康发展。

家庭农场的发展是一个多维度、复杂的过程，需要各方面的共同努力和协同推进，以实现农业现代化和农村全面发展。因此，中国式家庭农场是一个动态的、地区的概念，其规模与分布因生产力差异也不尽相同，其规模特征很大程度上依靠专业化分工协作而形成的群体规模优势来实现，从耕种到收割、从物资采购到产品销售等主要环节有专门的服务组织来完成，而田间管理靠家庭成员，以扩大服务规模来弥补土地规模经营的不足。虽然中国式家庭农场有微型、小型、中型、大型之分，但这是经营规模与家庭特点相匹配的结果。

二、家庭农场的登记注册

（一）家庭农场的登记条件

家庭农场的登记是一个重要的程序，它不仅能使农场得到国家的支持，还关系到一系列农业经营和继承的问题，如农业规划、财产管理、品牌建设及农场传承等。登记成为家庭农场是获得政府管理和政策支持的关键步骤。此外，官方对家庭农场的定义虽已明确，但在实际操作中，这一定义有时被滥用为政策套利的手段。因此，家庭农场的登记注册也是确保其稳定性和政策精准性的必要条件。

各地的农业部门已经出台了关于家庭农场登记管理的指导意见，这些意见详细说明了家庭农场的登记范围、名称称谓和经营场所等。在多数地区，以家庭成员为主要经营者的单位，从事适度规模化、集约化、商品化农业生产经营，都可以依法登记为家庭农场。关于家庭的界定，存在多种观点：有的基于传统家庭概念，认为子女分家后即构成一个新的家庭单位；有建议以大家庭为基本单元；也有观点认为，家庭成员在经营人员中的比例至少应占80%，同时可以聘请临时工或长期工；还有人提出，家庭农场主不应仅限于农村户口。在尊重农民意愿的基础上，家庭的含义可以拓宽到祖辈、父辈、儿孙辈甚至其他亲属。目前阶段，家庭农场业主以农村户籍为宜。虽然城市人员和工商资本可以进入农业领域，但目前不宜将其纳入家庭农场的政策范畴。

国家的相关规定明确提出，乡（镇）政府负责对申请成立家庭农场的材料进行初审，初审合格后交由县（市）农经部门复审。复审通过后，报县（市）农业行政管理部门批准，然后由县（市）农经部门确认其家庭农场资格，并做出批复，推荐到县（市）工商行政管理部门注册登记。

（二）家庭农场登记所需材料

家庭农场登记是一个详细并且规范的过程，涉及多个方面的材料准备。以下是家庭农场登记所需提交的主要材料。

（1）身份证明：专业农场申报人需提供身份证明原件及其复印件，以证明申请人的身份。

（2）申请及审批意见表：需要填写家庭农场认定申请表，并附上相关审批意见，这是对申请人资格和农场条件的初步审核。

（3）土地合同及公示材料：提交土地承包合同或经过鉴证的土地流转合同，以及相关的公示材料，这些文件显示了土地承包和流转的具体情况。

（4）出资清单：专业农场成员的出资清单，详细记录成员对农场的资金投入。

（5）农场发展规划或章程：包含农场的发展规划或章程，展示农场的经营理念、发展目标和管理制度。

（6）其他证明材料：根据具体情况，可能需要提供其他相关证明材料。

常见的申请材料还包括如下几种。

土地流转合同：需符合双方自愿的原则，依法签订。

土地经营规模：具体要求依据作物种类而定，如水田、蔬菜和经济作物经营面积需达到 30 公顷以上，其他大田作物则需 50 公顷以上，且土地应相对集中连片。

土地流转时间：至少 10 年，包括 10 年在内。

投入规模：总投资额（包含土地流转费、农机具投入等）应达到 50 万元以上。

发展规划或章程：应与创办专业农场的发展目标相符。

（三）家庭农场的注册类型

申请人可以根据自己的生产规模和经营需求，选择不同的登记类型，包括个体工商户、个人独资企业、合伙企业及有限公司。这种选择的灵活性允许家庭农场根据自身的特点和需求，选择最适合其经营模式的组织形式。关键在于，无论选择哪种形式，家庭成员的共同决策和参与是核心要素。

（1）个体工商户类型的家庭农场：选择这一类型的家庭农场应依据《个体工商户条例》及相关规定办理登记。这适用于相对规模较小、由单一家庭成员经营管理的农场。

（2）个人独资企业类型的家庭农场：根据《中华人民共和国个人独资企业法》及相关规定进行登记。这种类型适合那些希望以个人名义运营，但规模稍大于个体工商户的农场。

（3）合伙企业类型的家庭农场：合伙人应为同一家庭的成员，按照《中华人民共和国合伙企业法》及相关规定办理登记。这适用于家庭成员共同出资、共同经营的家庭农场。

（4）公司类型的家庭农场：若家庭农场选择作为公司登记，其股东应为同一家庭的成员，并依据《中华人民共和国公司法》及相关规定办理登记。此类型适合规模较大、需要更复杂组织结构的家庭农场。

（四）家庭农场的注册登记名称

申请人可以根据自身条件和发展需求，选择适合自己的登记类型，包括个体工商户、有限责任公司、个人独资企业或合伙企业。为了规范家庭农场的登记注册，特别是名称的使用，已经制定了统一的规范要求，以避免过去某些地区出现的名称混乱情况。

（1）个体工商户类型的家庭农场：在命名时，需要遵循"行政区划＋字号＋家庭农场"的格式。这种命名方式不仅符合《个体工商户条例》及相关规定，还有助于清晰地表明农场的性质和位置。

（2）有限责任公司类型的家庭农场：其名称应遵循"行政区划＋字号＋家庭农场＋有限（责任）公司组织形式"或"行政区划＋字号＋行业＋家庭农场＋有限（责任）公司组织形式"的规范。这样的命名方式既遵循《公司法》及相关规定，又能明确显示农场的法律地位和业务范围。

（3）个人独资企业和合伙企业：申请人也可以选择将家庭农场注册为这两种类型。虽然具体的命名规范没有详细说明，但重要的是确保名称的清晰性和合规性，反映出农场的组织形式和经营性质。

这些规范化的命名要求有助于提高家庭农场在市场和政府中的识别度，确保其在法律和行政管理上的透明度。同时，这也有助于家庭农场在市场上树立正规和专业的形象，从而吸引更多的合作伙伴和客户。通过选择适当的组织形式和遵守命名规范，家庭农场可以在法律框架内有效运营，同时最大化地利用政策支持，促进其长期稳定发展。

申请注册登记的家庭农场名称必须有统一规范。家庭农场与一些养殖、种植大户不同，有营业执照，可通过开展经营活动，提高自身知名度，随后通过申请注册商标的方式，形成自有品牌。家庭农场在申请注册商标后，其品牌效应会随着品牌知名度提升而不断增强。

我国幅员辽阔，地貌、气候、土壤类型及其组合方式复杂多样，农产品品种丰富，许多产品品质独特，具有丰富的地理标识资源和建立农产品品牌的天然条件。家庭农场的品牌可以采取当地有名的山川河流、家庭农场的经营者、特色种植养殖加工等方法命名。

三、家庭农场的项目选择

家庭农场应根据自身条件、定位，选择国家政策扶持的项目。

（一）项目选择依据

1. 市场需要

家庭农场在农业生产经营和技术推广过程中，有时生产经营能力不能适应发展的需要，其生产的农产品并非市场所急需或某类农产品有供过于求又或农产品附加值太低。因此需要充分考察国内外市场的需求状况，确定目标市场，并对目标市场进行细分，进而实施不同的农业项目，达到增产增收或其他推广目标。

2. 社会发展的需要

从广义上讲，社会发展就是社会进步。从狭义上讲，社会发展是从传统社会向现代社会的变迁过程。单纯的经济增长不等于社会发展，它包括经济发展、社会结构、人口、生活、社会秩序、环境保护、社会参与等若干方面的协调发展，最主要的是人的发展、现代科技的普及等。

因此，在农业生产经营和技术推广活动中必须有计划、分步骤地开展各种各样的项目，即以不同的项目有计划、有目的地提高生产经营能力，对新成果进行传播和应用，提高农业生产水平。

（二）农业生产项目

1. 现代农业生产发展资金项目

现代农业生产发展资金主要用于支持各地稳定发展粮油战略产业，加快发展蔬菜等十大农业主导产业，促进粮食等主要农产品有效供给和农民持续增收。现代农业生产发展资金的支持对象为：农民专业合作社、家庭农场、专业种养大户，以及与农民建立紧密利益联结机制，直接带动农民增收的龙头企业等现代农业生产经营主体，开展农业科技推广应用的机构以及粮食生产功能区建设主体。其优先支持对推进村级集体经济发展壮大有较大作用的主体，现代农业生产发展资金主要支持以下项目。

（1）基础设施建设

项目区土地平整、土壤改良，主干道、作业道、蓄水灌溉、田间水利，滴喷灌设施、大棚温室、育苗设施，高标准鱼塘改造、浅海养殖设施、新型网箱、水处理设施，标准化养殖畜禽舍，养殖专用生产设施及防疫设施，"两区"生产配套服务设施等基础设施建设。

（2）设备购置

农（林、渔）业机械，质量安全检测检验仪器设备，农产品产地加工、储藏、保鲜、冷藏等设备购置。

（3）技术推广

良种引进推广、繁育，品种优化改良，先进实用技术和生态循环农业发展模式推广与技术培训、示范。

现代农业生产发展资金在加大对种子种苗、科技推广、机械化、产业化与合作经营机制培育、基础设施建设等扶持力度的同时，根据不同产业，重点支持以下具体内容。

（1）粮油产业

粮油产业主要包括水稻、小麦、玉米、油菜、木本油料等产业，重点支持基础设施建设、土壤改良和"三新"技术推广示范、粮食高产创建等。

（2）蔬菜产业

重点支持"微蓄微灌"和大棚设施建设等。

（3）茶叶产业

重点支持标准茶园建设和初制茶厂优化改造等。

（4）果品产业

果品产业主要包括柑橘、杨梅、梨、桃、葡萄、枇杷、李子、蓝莓等产业，重点支持精品果品基地建设和产后处理等。

（5）畜牧产业

畜牧产业主要包括猪、牛、羊、禽类等产业，重点支持标准化生态循环养殖小区建设和良种引进等。

（6）水产养殖产业

水产养殖产业主要包括鱼类、虾蟹类、龟鳖类、珍珠、海水贝藻类等产业，重点支持高标准鱼塘、新型网箱、节能温室、浅海养殖等基础设施建设和设备购置，以及稻田养鱼、水产健康养殖示范基地、水产品新品种新技术推广等。

（7）竹木产业

重点支持林区道路等基础设施建设和竹木高效集约经营利用项目等。

（8）花卉苗木产业

重点支持大棚等设施设备建设、购置和产品推广等。

（9）蚕桑产业

重点支持蚕桑优化改造和种养加工设施建设等。

（10）食用菌产业

重点支持集约化生产基地和循环生产模式建设等。

（11）中药材产业

重点支持药材规范化基地建设和产地加工等。

2. 财政农业专项资金项目

财政农业专项资金项目是为进一步推进粮食生产功能区、现代农业园区和基层农业公共服务中心建设，保障农业现代化行动计划顺利实施而设立的。通过强化资金集聚和项目带动，推动农业生产规模化、产品标准化、经济生态化。支持对象为规范化农民专业合作社、家庭农场、专业大户、国有农场、村经济合作社、与农民建立紧密利益联结机制的龙头企业等生产经营主体，以及开展农技推广应用的推广机构。

（三）农业科技推广项目

1. 星火计划

星火计划是一项以科技进步为核心，旨在振兴农村经济，推动农业、农村和农民发展的重要国家科技计划。它在国民经济和社会发展计划中占有重要地位，特别在科技发展策略中扮演着关键角色。星火计划的宗旨体现在以下三个方面。

（1）面向农业、农村和农民：该计划专注于提升农业领域的科技水平，提高农村生活质量，提高农民的生活水平。

（2）依靠技术和体制创新：通过促进技术革新和体制改革，实现农业与农村经济的战略性调整，进而帮助农民增收致富。

（3）推动农业产业化、农村城镇化和农民知识化：该计划旨在通过技术普及和知识传播，加速农业产业的现代化进程，推动农村地区的城镇化发展，同时提高农民的知识水平和技术能力。

星火计划的主要任务包括如下内容。

（1）促进农村产业结构调整：通过推广先进的适用技术，加速科技成果的转化，增加农民的收入，全面推动农村经济的持续健康发展。

（2）普及科学知识：在农村地区大力推广科学知识，提高农民的科技素养，创造有利于农村科技发展的社会环境。

（3）提高农村生产力水平：重点在农副产品加工、农村资源综合利用和农村特色产业等领域集成配套并推广一系列先进适用技术，以显著提升农村的生产力。

2. 农业科技成果转化资金项目

农业科技成果转化资金项目是科技部门和财政部门联合实施的重要项目，由农业部门负责监督。该项目旨在支持农业科技型企业，特别是那些有潜力实现批量生产和广泛应用的农业新品种、新技术和新产品。由于农业科技成果转化具有地域性强、周期长和风险大的特点，该项目专注于支持这些成果进行区域试验与示范、中间试验或生产性试验，以确保它们最终能够在农业生产中得到广泛应用，并为工业化生产提供成熟的技术支持。其主要支持：动植物新品种（或品系）的选育和繁育技术成果的转化，这是提高农业生产效率和质量的关键；农副产品的储藏、加工及增值技术成果转化，这不仅增加了农产品的市场价值，也促进了农产品多样化；集约化和规模化的种植养殖技术成果转化，这有助于提高农业生产的效率和可持续性；农业环境保护、防沙治沙、水土保持技术的转化，这对于保护和改善农业生态环境至关重要；农业资源的高效利用技术成果转化，这有助于最大化地利用有限的资源；现代农业装备与技术的转化，这是实现农业现代化的关键。

3. 科技发展计划

科技发展计划是政府为实现科技与经济发展目标而采取的一种关键策略，该计划涵盖了政府对科学技术的资金投入和政策调控，旨在开发先进且适用于农业的科学技术。这些技术的发展和应用不局限于实验室或研究机构，而是要深入到农村地区，直接服务于亿万农民。通过这种方式，科技发展计划促进农民依靠科技来发展农村经济，从而整体提升农村劳动者的素质。

第二节 家庭农场的发展规划

发展规划是指进行比较全面的、长远的发展计划，是对未来整体性、长期性、基本性问题的思考和对未来整体行动方案的设计。规划有其相应的原则要遵循，同时也要按一定的方法、步骤、基本内容和要求进行。

一、家庭农场发展规划的原则

（一）因地制宜原则

一方面充分利用现有的基础设施如房屋、道路和水渠。在规划家庭农场时，应以现有的道路布局、生产布局和水利设施为基础，结合农场的地形地貌等实际情况，进行科学规划，这包括农场内的路网、水利系统和绿化布局。同时，要确保项目和功能分区的合理布局。这些分区，如生产区、示范区、管理服务区和休闲配套区，应相对独立同时又相互联系，以确保农场运作的高效性和可持续性。

另一方面充分利用并保护现有的自然景观。在家庭农场的规划和建设中，应尽量避免破坏农场区域内及其周围的自然景观，如农田、山丘、河流、湖泊、植被和林木等。通过谨慎的选择和设计，充分保留和利用这些自然风景，不仅能够提升农场的美学价值，还有助于保持生态平衡和可持续发展。

（二）提高农业效益原则

提高农业效益原则是家庭农场规划和运营的关键方针，旨在确保农场活动在城市化进程加快和社会经济发展变革的大背景下能够有效提升农业生产的效益。家庭农场不仅是实现农业转型升级的一个重要模式，还是推动土地从低效种植向高度集成和综合利用转变的有效途径。在规划和管理家庭农场时，应重点考虑以下三个方面。

（1）产业化：通过引入先进的农业技术和管理方法，提高农场的生产效率和产品质量，使农业生产更具市场竞争力。

（2）生态化：在提高经济效益的同时，注重生态保护和可持续发展，确保农业活动与环境保护相协调。

（3）高效化：优化资源配置，提高土地、水资源和其他输入资源的使用效率，以获得更高的生产效益。

实施这一原则的目的在于显著提高农业生产效益和增加经营者的收入。这不仅有助于促进农业的现代化，还能够提高农民的生活水平，推动农村经济的整体发展。

（三）优化资源配置原则

优化资源配置原则在家庭农场的规划与管理中占据重要地位，这涉及农场内各种资源和设施的高效利用和科学布局。在实施这一原则时，重点是确保道路交通、水利设施、生产设施、环境绿化、建筑造型及服务设施等硬件资源得到合理安排和最大化利用。通过科学的规划，家庭农场可以利用优良品种和高新技术，构建出一个有效的时空利用模式，从而充分开发农业生产的潜力。在建筑物和设施的建设上，应尽量保持相对集中和就近分布的原则，这不仅方便农场的日常运营和管理，也有助于节省投资。

（四）挖掘优势资源原则

挖掘优势资源原则在家庭农场的发展中起着至关重要的作用，它要求深入分析并充分利用农场所具有的各种优势资源，这包括对农场的区位优势、交通便利性、自然资源以及特色产品的充分评估。基于这样的分析，家庭农场可以更有效地规划农作物种植、畜禽养殖的品种和规模，以及种养搭配模式，从而最大限度地利用农业资源，发挥其潜在的优势。在景观规划方面，通过合理布局和利用各种视觉元素，家庭农场可以创造一个均衡和谐的农业环境。

（五）可持续发展原则

可持续发展原则，旨在将农业活动对环境的影响降至最低。其要求尊重自然、科学地利用当地资源，并采用多种方法来解决环境问题，最终目的是构建一个持续性、良性循环和高品质的农业环境。家庭农场需要基于可持续性原则，适度、合理且科学地开发和利用农业资源，必须合理划分功能区，以实现人与自然的和谐共处。这不仅有助于保护区域的生态多样性和生命力，还能推动农业生产方式向更加环保和可持续的方向转变。

二、家庭农场发展规划的方法

进行农场规划的前提是农场投资者或经营者做好了相关准备工作，如在农场选址、规模、发展定位、发展方向，以及初步投资意愿等方面做了较充分的考虑，并在此基础上，选定了规划单位进行规划设计。规划单位的选择应充分考虑单位水平、规划人员的文化背景和规划经验。在双方达成正式协议后，开始进入实质性规划阶段。

（一）调查研究阶段的规划方法

1. 规划（设计）方进行考察

考察农场用地的自然环境状况、区位特点、特色资源、规划范围，收集与农场有关的自然、历史和农业背景资料，对整个农场内外部环境状况进行综合分析。

（1）基础条件

家庭农场规划首先需要深入调查场地的多个基本条件。这包括对作物种植现状的了解，以判断哪些作物在当前条件下生长良好，哪些则需要改良或替换；土地流转情况的考察，这有助于掌握土地使用权的变动情况及其对农业活动的影响；区域界线的明确划分与不同类型土地面积的准确测量，这是合理规划种植区域的前提；对地形状况的分析，这需结合场地所在地区的气候和土壤肥力状况，是确定适合种植的农作物种类的关键，例如，某些作物更适合在坡地种植，而其他作物则在平坦且土质肥沃的地区表现更好；水资源的分布与储量调查，这为确保农场的灌溉需求提供了必要信息；农场所在地区的基础设施，如交通、水利设施及水电气供应情况，这直接影响着农场的运营效率和生产成本。

（2）社会经济发展状况

地方经济的繁荣为农场提供了必要的财政支持和市场需求，为农场的各项产业发展创造了有利条件。当地经济的增长与家庭农场的发展相互促进，能够形成一个良性循环，推动整个地区的经济发展。在规划家庭农场时，必须充分考虑地区的经济条件，选择与当地经济发展水平相匹配的农场类型和规模，确保农场的经营活动在不超出地区资源承载能力的前提下进行，从而保护生态环境，促进农场与地区经济的和谐共生。

2. 市场调研

明确市场供求现状和发展前景，是选择项目方向的重要前提。首先要明确调研目标，制定调研方案，然后组织调查，收集基础资料，通过实地调查和分析研究，形成调研报告。

（1）市场供求状况

在家庭农场的规划与管理中，对农产品市场供求状况的深入了解至关重要。市场经济价值是衡量农产品价值的关键指标，因此，生产那些在市场上具有较高需求和经济价值的产品，对于确保农场的经济效益尤为关键。为此，农场规划前期应当对当前及未来农产品市场的发展趋势进行科学的预测与分析，以便确定具有高投资潜力和市场需求的农产品种类。市场范围的选择应根据农场的地理位置、生产能力及经济实力来决定。基础设施完善、经济实力较强的家庭农场，可以考虑将市场范围拓展至全国乃至国际市场。

（2）投资经济效益分析

通过对市场调查数据的统计分析，结合农场的建设背景和预期市场容量，可以确定农场的开发规模和建设项目。综合考虑投资成本和预期收益，可确保农场的经济可行性和盈利能力。投资成本分析包括对农场建设的直接费用（如土地购买、设施建设、种子和肥料采购等）和间接费用（如市场推广、产品运输等）的估算。而收益分析则涉及对产品销售收入、市场需求的持续性评估等方面。对潜在风险的评估也同样重要，需评估市场波动、气候变化等因素可能对农场经济效益产生的影响。

3. 提出规划纲要

规划纲要包括主题定位、区位分析、功能表达、项目类型、时间期限、建设阶段、资金预算及投入产出期望等。

（二）资料分析研究阶段的规划方法

（1）分析讨论后定下规划的框架并撰写可行性论证报告，即纲要完善阶段，一般包括农场名称、规划地域范围、规划背景、场内布局与功能分区、时间期限、建设阶段、投资估算与效益分析等内容。

（2）在规划内容确立后，农场经营者与规划（设计）方需签订正式的合同或协议。

（3）规划（设计）方再次对项目区进行详细考察，初步勾画出整个农场的用地规划布置图，确保每一功能区的合理分配和布局。

（三）方案编制阶段的规划方法

1. 初步方案

规划（设计）方完成方案图件初稿和方案文字稿，形成初步方案。方案包括规划设计说明书、平面规划图及各功能区规划图等。

2. 论证

农场经营者和规划（设计）方及受邀的其他专家进行讨论、论证。

3. 修订

规划（设计）方根据论证意见修改完善初稿后形成正稿。

4. 再论证

再论证主要以农场经营者和规划（设计）两方为主，并邀请行政主管部门或专家参加。

5. 方案审批

上级主管及相应管理部门审查后提出审批意见。

（四）形成规划文本阶段的规划方法

规划文本包括规划框架、规划风格、分区布局、道路规划、水利规划、绿化规划、水电规划、通信规划和技术经济指标等文本内容和相应的图纸。文本力求语言精练、表述准确。

（五）施工图件阶段的规划方法

施工图件包括图纸目录、设计说明书、图纸、工程预算书等。图纸包括厂区总平面图，建筑单位的平、立、剖面图，结构、设备施工图等。这是设计的最后阶段，主要任务是满足施工要求，同时做到图纸齐全、准确无误。

三、家庭农场发展规划的内容

（一）区位与选址

1. 家庭农场的区位选择

（1）基础条件

在家庭农场的选址过程中，"基础条件"是一个核心考虑因素，它指的是选址地的实际情况，包括自然环境条件、用地条件和基础设施条件。这些条件直接影响农场的产业规模、空间布局和主导产业的发展方向。

① 自然环境条件

自然环境条件主要包括气候条件、水文与水质条件，以及生物条件。其中，气候条件对农作物的生长至关重要，尤其是光照、温度和降水量。水资源不仅可作为农场的生产和生活用水，还可以作为景观资源加以利用。生物条件，包括场内种养的现状、微生物的种类和生长状况，这些因素会影响农场的功能分区和布局。良好的自然环境条件是农业生产发展的基础，也是选址的关键。

② 用地条件

用地条件对家庭农场有着重要影响，这包括地形地貌、坡度、用地类型和土地流转集中状况。不同的地形地貌如高原、平原、盆地、山地、丘陵和岛屿等，决定了农场的类型和产业类型，地形的坡度对景观设计和基础设施建设具有重要影响。土地流转的方式，如租赁或入股，促进了土地的适度集中，这对农场的分区布局至关重要，是建立农场的重要前提。

③ 基础设施条件

家庭农场的所在地及其附近区域的基础设施，如水电、能源、交通和通信设施，对于农场的规划与建设至关重要，这些设施条件直接影响农场建设的难易程度和所需的投资额。良好的外部交通网络有利于人力、技术、信息和资金等资源从区域外向农场流动，同时增强其吸引投资的能力，吸引更多有实力的农业科技型家庭农场参与投资，而便捷的内部交通则确保农场内部的农产品生产、加工、包装和运输等活动能够顺利进行。此外，水电和能源设施是进行高科技农业生产的基础保障，而完备的通信设备则有助于有效收集、分析和发布市场信息及科技信息。

（2）经济基础

经济基础作为农场规划和选址的关键因素，反映了选址地区的经济发展水平，这包括地区的经济和农业发展水平、居民的生活水平、可用资金和市场状况等多个方面。当地经济条件对农场的建设与发展有显著影响：经济较发达的区域通常能提供更多集聚资金的机会，有助于农场的产业布局优化、规模化生产和高科技投入，从而使之拥有较大的发展潜力；相反，经济较弱的区域会限制农场和当地产业的发展。

① 市场消费能力

确保农场生产的农产品能够销售成功是家庭农场成立的关键前提。所在地区的市场消费能力直接影响农场的发展规模和产品销售前景，进而影响农场的经济效益。因此，在农场规划的早期阶段，对市场消费能力进行深入的调查和分析，是预防区域性农产品过剩的有效策略。

② 投资能力

家庭农场项目资金来源主要分为三种：国家财政资金如基础设施建设和科技支持专项资金、外部投资，以及地方农民的入股投资。在规划选址时，考虑这些投资方式的可行性至关重要，同时还需加强与银行、投资公司的合作，探索新的投资途径，以增强农场的资金实力和发展潜力。这些方式，可以更有效地支持家庭农场的建设和持续发展，增加其在当地经济中的贡献。

（3）科技水平

家庭农场所在地的农业科技水平是农场选址应考虑的因素之一。农业科技包括农业生产技术装备、农业机械化程度、农业耕作技术、农业信息化水平、农业经营管理水平等方面。农业科技水平高，有利于提高劳动生产率。先进和适用的耕作技术应用范围广，可使农业资源得到更好的配置，充分发挥农业生产的地域优势。先进的农业科技有助于促进农民改变传统的价值观念、生产方式和生活习惯，有利于农业生产经营活动开展，从而促进农场的健康良性发展。

（4）人文资源

家庭农场已经超越了传统农业的单一生产角色，渐渐融入了科普、教育及休闲观光等多元化元素。特别是对于以休闲观光为主的农场来说，选址地周边人文资源的合理利用显得尤为关键。可以将农牧业生产和农业经营活动与当地的文化生活、风俗民情、人文景观等及自然环境紧密结合，从而打造出一个集农产品生产、加工、游览观光、科普教育等多重功能于一体的综合性家庭农场。这样的发展模式不仅丰富了农场的功能属性，还有助于提升农场的社会价值和经济效益，同时也为乡村振兴战略实施提供了有效支持，实现了农业与乡村文化的有机融合和可持续发展。

2. 地址选择应考虑的因素

（1）应选择适合可进行较大规模农业生产的地区，最好是地形平坦、起伏变化不大的地段。

（2）选择自然风景优美且植被丰富的区域，如风景区周边、旧农场、林地或苗圃等地。

（3）利用原有的人文景观或现代化新农村等地点来建设现代休闲农场。

（4）综合地域的经济技术水平和场址原有的利用情况进行规划，不同的经济水平和土地利用状况会导致农场类型的差异。规划时应考虑预留适当的发展备用地，以应对未来的扩展需要。

（二）家庭农场布局

家庭农场的空间布局涉及对农场内不同功能区域的合理规划和安排。这一过程中，需考虑功能分布、结构设计、形态设计、要素布置及层次分析等多个维度。在具体的空间布局中，农场可以被划分为多个功能区，如生产区、加工区、居住区、休闲观光区等，每个区域根据其特定的功能进行专门设计和布局。

在农场规划、建设和运营中，场区空间布局是具有重要影响的基础性和关键性工作。应根据农场区域自然条件、地形地貌和开发现状，以优化生产区、生活区、管理区、示范区及休闲娱乐区等为出发点，合理配置农场内主要建筑物、道路、主要管线、绿化及美化设施。对于家庭农场布局而言，生产区的作物空间布局优化是主要内容。应根据场地作物生产结构要求，按作物重要性、作物田块适宜性、作物适植连片性，形成符合作物生产结构优化目标的空间布局方案。

1. 空间布局方法

（1）土地用途分区

土地用途分区需遵循《中华人民共和国土地管理法》和土地利用总体规划的技术规范要求，是土地利用总体规划的一个重要组成部分。这种分区旨在优化土地资源的利用，确保土地用途的合理性和高效性，特别是在明确农场发展定位、土地资源特征及社会经济发展的需求时尤为重要。土地用途分区需将土地空间区和土地用途区划分为不同的类别，以便更有效地管理和利用这些资源。

① 基本农田保护区

基本农田保护区是土地用途分区的一个关键组成部分，主要目的是保护和维持高产优质耕地，以满足人口增长和社会经济发展对农产品的需求。这些区域通常包括经国务院或县级以上地方人民政府批准确定的粮食、棉花、油料作物生产基地内的耕地，以及具有良好水利和水土保持设施的耕地。此外，还包括正在实施改造或有潜力改造的中低产田、蔬菜生产基地、农业科研和教学实验田，以及国家规定应纳入基本农田保护区的其他类型耕地。

② 可调整耕地区

可调整耕地区是指将现状为其他农用地但根据土地条件可以调整为耕地用途、视作耕地进行管理的土地用途区。

③ 一般农业区

一般农业区主要用于农业生产的核心活动，其主要目的在于确保种植活动的有效进行。这些区域主要被规划为满足农作物种植的需要，同时也涵盖直接服务于农业生产的各种土地利用形式，包括但不限于传统耕地、温室种植区、灌溉系统等。一般农业区的布局和管理对于保障食品安全、维持农业生产的持续性和效率至关重要，同时也是农村经济稳定发展的基石。

④ 林业用地区

林业用地区是指专门用于林业生产的土地总体，其包括多种类型的林地。其中，用材林地主要用于木材生产，防护林地则旨在提供生态保护和改善环境，薪炭林地和特用林地分别用于燃料木材的生产和特殊用途如药材等的种植，经济林地和竹林地则更侧重于经济价值的产出。除此之外，林业用地区还涵盖无林地如荒山荒地、沙荒地、采伐迹地等，这些区域通常用于林业的恢复和再造。林业用地的合理规划与管理对于生态保护、生物多样性的维护及林业经济的发展具有至关重要的作用。

⑤ 牧业用地区

牧业用地区是专门划定用于满足畜牧业发展需求的土地，主要用于放牧、家畜饲养，包括草原、牧场、饲养基地等。

⑥ 建设用地区

建设用地区是指为需是农场建筑发展需要而划定的，利用土地的承载能力或建筑空间，不以取得生物产品为主要目的的用地。

⑦ 风景旅游用地区

风景旅游用地区是指具有一定游览条件和旅游设施，除居民点以外，为居民提供旅游、食宿、休假等的风景游览用地和游览设施用地。

⑧ 人文和自然景观保护区

此区包括历史悠久的文化遗址、具有重要生态价值的自然景观、生物多样性丰富的区域等。

⑨ 其他用地区

此区涵盖根据实际管理需求划定的各种其他土地用途区。

（2）土地开发建设分区

① 重点农用地

重点农用地主要用于农业生产和相关服务，管理这些区域的关键在于维持其农业用途，鼓励非农业用地向农业生产服务用地转变。同时，避免非法扩张非农用地面积。在这些区域内，应严格控制农田用途的改变，确保农业生产的连续性和土地资源的合理利用。

② 重点建设用地

重点建设用地的管理强调土地的节约和集约利用，积极开发和利用土地存量。在进行必要的土地扩张时，应优先考虑非耕地或劣质耕地的利用，并严禁私自改变土地原有用途。避免土地废弃或撂荒，严格控制建设用地的规模，确保土地利用符合国家规定的行业标准。

③ 一般建设用地、一般农用地、混合用地

除为改善生态环境或法律特殊规定的情况，不得擅自改变土地利用类型，这些区域应严格保护基本农田和其他专业化农业商品基地建设用地。同时，禁止任何破坏生态环境和景观资源的行为，如乱砍滥伐、倾倒废弃物等，以保护和维护生态平衡和自然景观。

2. 地理区划方法

地理区划作为地理科学领域的基本分析方法，其核心在于根据自然地理环境及其组成要素在空间上的分布特征，将特定范围内的区域按照一定的等级体系划分。这种划分方法关注的是区域内各种要素在空间分布上的差异性和相似性，以此来确定区域的界限和特性。

（1）生态景观

生态景观作为一个多维的复合体系，综合了地理景观、生物景观、经济景观，以及人文景观的各种要素。它是一个包罗万象的概念，涉及自然界和人类社会的多个层面，涵盖植被、动物、微生物、土壤及各类生态系统的组合。生物景观是生态系统的关键组成部分，反映了生物多样性和生态系统的健康状况，包含能源、交通、基础设施、土地利用和产业过程等要素。经济景观体现了人类活动对自然环境的影响，以及经济活动与生态环境的相互作用，涉及人口、体制、文化、历史等因素。人文景观揭示了人类社会的活动、价值观念、历史传承等对生态环境的影响。

（2）自然景观

在自然景观规划和管理中，地域分异规律是一个关键的考虑因素。这个过程涉及对自然景观的地域特征进行细致的分析和分类，基于地理区域的相似性和差异性进行有效的区域划分和合并。

根据自然景观的特征，将具有相似自然特征的地区划分为一个区域。这些特征包括地形、气候、植被、水文等，在这些特征发生明显差异的地方确定区域的边界，这有助于明确不同区域的自然特征和景观特色。对划分后的区域进行深入研究，包括其自然特征的形成、发展和分布规律，有助于更好地了解各个区域的自然景观，并为后续的保护和开发提供科学依据。

（3）人文景观

人文景观作为社会、艺术和历史的综合体现，深刻反映了它们形成时期的历史背景、艺术思想和审美观念。这些景观不仅是物理实体，还承载着文化和历史意义，包括名胜古迹、文物艺术、民间习俗等。人文景观的区划基于地域分异规律，需考虑社会文化地域综合体的相似性和差异性。

3. 空间布局模式

大规模综合性农场，在进行空间布局时，常常借鉴现代农业科技园区的布局模式。这些布局模式包括矩形、圆形、圈层和园中园等，每种模式都有其独特的功能和优势。农场的空间布局不必局限于单一模式，可以灵活地结合多种模式，以适应不同的功能需求和地理环境。例如，在整体上采用圆形布局的农场，可以在局部区域采用圈层或园中园的布局，从而在保持总体一致性的同时，也能满足特定区域的特殊需求。这种混合布局方式不仅增强了空间的功能性和美观性，还能有效地利用农场的土地资源，也有助于提高农场的生产效率和科技水平。每种布局模式都有其针对性，矩形布局有利于大面积的统一管理，圆形布局有利于中心管理和资源分配，而园中园布局则便于对特殊作物或特定项目进行集中管理。通过巧妙地结合不同的空间布局模式，农场可以在保持其综合性和科技导向的同时，实现更高效和可持续的发展。

4. 具体布局方式

家庭农场空间布局方式如下。

（1）要依据区域农业资源条件

农业资源条件是影响农业产业发展的首要因素，因而家庭农场规划项目时要依据场内地形地貌、土壤类型、气候条件、利用现状等方面来布局。

（2）要依据农场的功能定位

单一功能家庭农场与多功能综合性家庭农场的空间布局模式显然是不相同的。

（三）家庭农场的分区

在进行家庭农场的功能分区时，需要根据的地理、环境、经济和社会条件进行有针对性的规划和布局，关键在于做到因地制宜，合理利用。

1. 功能分区原则

（1）满足农场需求

各功能分区及规划内容要满足农场的各项功能要求，因需要而设置。种植区根据不同土地用途，也可划分为不同种植模块，如旱地种植、稻田种植、林地种植，每个种植模块又可以分为不同作物种植搭配模式。

（2）充分利用农业资源

农业资源包括现有的水利设施、道路、自然景观，自然资源包括阳光、水、土壤等条件。结合农场现有农业资源因地制宜确定农场各功能区类型，尽可能避免大规模基础设施改造而增加农场建设成本。

（3）保持空间布局的完整

空间布局指农场各功能区域在农场内部的具体分布，应尽量保持生产区域的规模，不能过于细分。同时，注意保持现有的行政界线、生产区的完整。合理的空间布局有利于农场各区域的有效衔接，提升农场生产效率。

（4）注重以人为本

功能分区应注重以人为本的原则，特别是在休闲观光农场的规划和运营，既要方便农场管理与生产农事，又要方便游客观光休闲、娱乐体验，获得更高的生产效率和提供更舒适便捷的观光游览服务。

2. 分区规划

（1）功能分区要求

① 据情设区

农场的各个区域，如种植区、养殖区、休闲区等，都需要根据农场的建设与发展定位合理布局。在种植区的规划中,重点在于根据土地的特性来决定是进行农作物种植还是林木种植,还需要考虑旱地和水田的种植结构,确保作物的合理搭配和茬口衔接,以及采用立体种植等科学方法以提高土地利用效率和作物产量。整体的空间布局应通过规范化的网状道路系统或水利设施来形成基本的分区骨架。

② 集中连片

主栽作物应集中连片,便于大面积规模化生产管理;示范类作物应按类别分置于不同区域且集中连片,既方便生产管理,又能形成不同的季相和特色景观。

③ 生态安全

养殖区的设计和运营应遵循循环农业和生态学的基本原则,充分考虑养殖对象的特点,合理布局养殖设施,以及实施无害化处理和资源化利用措施。

④ 功能多样

养殖区不仅是生产场所,还应成为科技展示、观赏、体验和游览的综合空间。在主入口和核心服务区附近集中布局那些需要较大基础投资的设施,如展览馆、体验中心等。这不仅便于建设,还有助于吸引游客和集聚人气,增加养殖区的附加值。

⑤ 高效配置

养殖区的经营管理和休闲服务配套建筑应集中置于主入口处,并与主干道相连。这种布局有助于土地的集中利用和基础设施的有效配置,同时也便于建设管理的有效进行,提高整个养殖区的运营效率。

(2)功能分区

功能分区是实现有效管理和运营的关键。这种分区旨在将农场的不同活动和服务合理地组织在特定区域,以优化农场的整体运作。

① 生产区

生产区是家庭农场的核心,占据了大部分土地面积。这一区域主要用于各类农业生产,包括粮油作物、果树、蔬菜、花卉苗木的园艺生产,以及畜牧、水产养殖和森林经营等。选择生产区的位置时，需要考虑土壤质量、地形条件、气候条件等，同时确保有充足的灌溉和排水设施以及水源。此外，为了便于生产活动和运输，生产区内还应建设适当的生产性道路。

② 示范区

示范区是展示农业科技创新、生态农业实践、科普知识、新品种和新技术的区域。这个区域不仅展示了农场的先进技术和方法，还可以作为新技术推广的示范点，对周边地区产生辐射效应，加速农业高新技术的应用和普及。

③ 观光区

观光区是吸引游客的重要区域，通常包括观赏型农田、特色作物、瓜果种植区、珍稀动物饲养区和花卉苗圃等。这个区域通常选在地形多样、自然环境优美的位置，以便提供给游客更加丰富和愉悦的田园体验。在观光区中，还应合理规划空间布局，包括足够的道路、广场和生活服务设施，以便应对游客流量。

④ 管理服务区

管理服务区在家庭农场中发挥着重要的支持和协调作用，尤其是在大型综合性家庭农场中。这个区域是专门为农场的经营管理而设立的内部专用地区，包含了农场运营的各种关键功能和设施。

管理服务区通常包括管理办公室、经营部门、培训中心、接待区、咨询服务处、会议室等。管理服务区还包括车库、生活用房等生活配套设施，以满足员工和访客的基本生活需求。这些设施的设置有助于提高工作效率和生活便利性，为农场员工提供一个舒适的工作环境。

⑤ 休闲配套区

此区是在家庭农场中，特别是综合性农场、休闲观光农场，是为了满足游人休闲需要而设立的，单一的生产性农场可以不专设此区。休闲配套区一般在靠近出入口的位置，与其他地区用地有分割，目的是保持一定的独立性。规划者应在充分理解旅游者的心理需求的基础上，通过设立采摘区、体验区、观赏区等区域，充分挖掘农场特色资源，彰显农场主题，设计融生产体验、农耕文化传承、农业知识普及、休闲娱乐于一体的特色项目，营造一个供游客享受乡村生活空间和体验农业活动的场所。

（四）家庭农场产业项目规划

规划设计者必须拥有扎实的农业科技知识，并具备跨学科和多技术的整合能力，这对于确保规划设计的科学性、合理性和可操作性至关重要。这对农场规划人员的素质提出了较高的标准，要求他们不仅要深谙农业知识，还要能够灵活运用各种技术和方法，以适应多变的农业环境和市场需求。

在设计家庭农场的产业项目时，规划者需要综合考虑当地的开发条件和农场的经济效益。此规划涵盖了农作物种植、经济作物种植、花卉苗木种植、水产养殖等多个方面，每个方面都需要根据场地条件和设施条件来精心规划。例如，选择适合当地气候和土壤条件的作物种植，确保水源和灌溉系统的可靠性，以及合理配置温室和其他种植设施。规划时应考虑农场生产技术的先进性，特别是机械化生产技术和现代设施农业生产技术的运用。

1. 规划要求

（1）因地制宜

每个地区都有其独特的区位特征、资源条件、农业基础及社会经济背景，这些因素共同决定了该地区适合发展的农业类型。例如，水资源丰富的地区适合发展水产养殖，而干旱地区更适合种植耐旱作物。此外，地形和气候条件也对作物的生长有着直接影响。

（2）经济效益

家庭农场的生存和发展依赖于其经济效益。产业项目规划应基于对当地市场需求、资源优势、农产品市场的供求关系和价格趋势的深入分析而开展。通过分析农产品的市场占有率和扩展潜力，可以确定最具市场前景的农产品，进而制定相应的种植或养殖策略。例如，如果某一地区的特色农产品在市场上需求量大且价格稳定，那么该农产品就是该地区农场发展的理想选择。考虑到市场风险，农场还应该采取适当的风险管理措施，如种植或养殖多样化，以平衡市场波动对农场经济的影响。

（3）主导产业

主导产业应当是基于当地资源、市场和技术条件的深入分析后确定的，具有独特的地区优势和发展潜力。例如，拥有丰富水资源的地区可以发展水稻种植，而特定气候条件优越的地区则适合特色农产品如无花果或冬虫夏草的培育。主导产业的成功可以带动相关产业链的发展，增强整个区域的经济活力。

（4）先进技术

应用先进的农业技术，如智能农业、生物技术、生态农业等，不仅可以提高农场的生产效率和产品质量，还可以减少环境污染，提高资源的可持续使用率。先进技术的引入还能促进农场成为科技创新的中心，吸引更多的科研人员和技术人员参与，使农场成为推动地区高新技术产业发展的示范基地。通过技术的示范和推广，农场还可以对周边地区的农业发展产生积极影响，提升整个区域的农业科技水平。

2. 产业规划内容

（1）功能定位

家庭农场的功能定位应当基于农场的规划指导思想和发展目标，同时考虑当地的社会经济实际条件。功能定位的过程中，重点在于因地制宜、突出重点，确定合适的建设内容和技术路线。这一过程能够确保农场根据当地的资源和市场需求发挥其最大的作用，同时也能促进农场的可持续发展。

（2）主导产业

选择合理的主导产业对于带动农场产业发展至关重要。主导产业的规划应考虑当地的经济状况、农业产业发展趋势、国家和地方政府的农业政策以及市场需求。通过定性和定量的分析方法，可以综合筛选出适合农场的主导产业。这些产业包括种植业、畜牧业、水产养殖业、农产品加工业或休闲农业等，每个领域都有其特定的市场潜力和发展前景。

（3）优势产业

优势产业的规划则更侧重于当前的经济效益和规模，强调资源的合理配置和经济行为的有效运行。在确定主导产业的基础上，家庭农场应选择具有市场优势和高效益的农产品作为优势产业。为优势产业提供必要的空间和资源，可以最大化地发挥其产业价值，同时也促进农场整体经济的增长。

（4）配套产业

配套产业包括那些与农场主导产业相互依赖、互为补充的行业，如农产品加工、餐饮、旅游等。一个以农业生产为主的农场，可以通过发展农产品加工业、餐饮业或旅游业来增加附加值，同时为游客提供更丰富的体验。观光休闲农场则可以通过加强与农业生产的结合，如提供农作体验、农产品直销等，来吸引游客并提高收入。这种多元化的发展策略不仅可以提升农场的盈利能力，还能够增强农场在市场中的竞争力。

（5）投资概算与资金来源

投资概算和资金来源对于确保农场建设和运营的顺利进行至关重要。一个详细的投资计划应该涵盖固定资产和流动资产的投资，以及农场建设和运营的各项费用。固定资产投资包括建筑、设备购置等长期资产的支出，而流动资金则用于日常运营所需的物资采购、工资支付等。农场的资金来源应多元化，包括政府资助、银行贷款、私人投资等。特别是在鼓励社会投资方面，可以通过土地、劳动力等生产要素的投入或通过合作社、股份制等形式吸引更多的投资者参与农场建设。

（6）效益分析与风险评估

经济效益：家庭农场建成后所带来的直接经济利益包括农产品的销售收入，间接经济利益则包括农场对周边区域的经济带动作用。

社会效益：家庭农场可提供就业机会，改善社会生活环境，提高居民的综合素质，改善投资环境，并可增加地方财政税收。通过技术推广，农场还能促进地区农业产业的发展和产业结构的升级。

生态效益：在产业规划中融入生态环保和循环利用的理念，致力于"绿色生产"，构建生态产业链，可在提高生产效率的同时维护生态环境的平衡。

风险评估：风险评估涉及市场风险、技术风险、经济政策风险、工程风险、财务风险、投资估算风险、社会影响风险、环境风险等多个方面。评估方法包括专家调查法、层次分析法、关键事件法和蒙特卡罗模拟法等，这些方法可以帮助评估者全面理解和量化各种风险。风险评估应重点关注市场行情的变化、时间计划的衔接、技术安排的合理性和项目管理的有效性，以确保农场在各方面都能适应变化，保障投资的安全。

（7）组织管理与运行机制

家庭农场的组织管理和运行机制是确保其高效运作和持续发展的关键，其中，市场化运作的原则至关重要，它能够最大限度地调动农场从业人员的生产积极性和主动性。将农场效益作为核心，农场的各项活动应围绕提升效益进行规划和执行。进一步发展产业化经营模式，如"公司＋农场"的模式，有助于提升农场的管理效率和经济效益，同时促进农场与外部市场的有效对接。

为了避免过多的行政干预，政府的工作应主要集中在协调、指导和监督农场建设上，以保证农场的规范运营。此外，农场的内部管理应当建立完善的人才招聘机制、激励机制和利益共享机制，确保各方面人员的积极参与和对农场忠诚。农场还需要制定和完善各种规章制度，以保证各项活动的有序进行。

（8）保障措施

家庭农场的成功运营和持续发展依赖于一系列全面的保障措施，这些措施能够确保农场在技术、政策、信息服务和资金等方面获得必要的支持。技术保障的完善是家庭农场发展的关键，其中包括科研机构提供的成果转让、专业咨询和技术培训等。这不仅可提升农场的技术水平，也可促进创新实践的应用。政府应为农场投资者和创业者提供优惠政策，如税收减免、贷款便利等，以激励更多人投身于家庭农场的建设和运营。为高新技术产业提供政策支持，有利于提高农场的技术含量和市场竞争力。建立健全的农场社会化服务体系也是提升农场效率和效益的关键。加强农业信息网络的建设，完善农产品供求信息、环境和质量监控系统，不仅有助于农场主了解市场动态，还能提高产品的质量和安全性，从而提升农场的市场竞争力。

多元化的投资机制对于满足农场资金需求至关重要。这一机制应涵盖政府财政投入、信贷支持、农场自身和农民投资，以及社会资本和外资等多种投资渠道。通过这种多层次、多形式的投资格局，农场可以获得更加稳定和充足的资金支持，从而实现可持续发展。

3. 家庭农场产业分类

（1）农业生产

作物种植包括大田作物种植、旱地作物种植、园艺作物种植等；林业包括苗圃、花圃、林地、森林公园等；畜牧业包括牧场、家禽养殖场等；渔业包括大型鱼类养殖场、特种鱼类养殖场等。

（2）农产品加工业

农产品加工业属于第二产业范畴，是对农业产业链的延伸。比如，米业公司进行稻米深加工、蔬菜加工家庭农场对蔬菜加工，提升农产品价值；果品加工公司改善果品外观品质，或进行深加工处理，开发附加产品，促进农村剩余劳动力就业，增加农民收入。

（3）休闲农业与乡村旅游业

休闲农业与乡村旅游业作为一种综合性产业，正逐渐成为现代农业发展的重要组成部分。这种业态以农村的自然景观、农业生产、乡土文化和农村生活为基础，开发了一系列旨在提供观光、休闲、学习和体验机会的活动。休闲农场、农家乐、休闲农业园区、休闲农庄、民俗村等形式，都将农村的设施、空间和农业生产场地转化为吸引游客的目的地。

这种业态旨在发挥农业和农村的休闲旅游功能，从而优化游客对农村生活和农业的体验，提升旅游品质。休闲农业和乡村旅游业的发展对于促进乡村经济的整体增长、增加农村就业机会和提高农民经济收入具有重要意义。

（五）景观规划

家庭农场景观规划上的核心在于将农业生产性质与景观美学相结合，创造出既有实用性又具美学价值的空间。在这个过程中，自然素材、人工素材和事件素材的有机组合至关重要，它们共同构成了家庭农场独特的景观表达。因此，家庭农场也可以是美丽优雅的风景区。

1. 规划要求

（1）斑块构建

这一过程涉及土地的集约利用和优化配置，特别是在保护连片基本农田和优质耕地方面有重要作用。控制建筑斑块的无序扩张是构建和谐宜居环境的关键，可确保景观美观并与自然环境协调。重建植被斑块、增加绿色廊道和自然斑块是恢复生态功能的重要手段。

（2）树种选择

家庭农场的绿化规划应优先考虑使用乡土树种。这类植物更适应当地环境，具有较强的生存能力和疾病抗性，同时能够反映当地的民族特色和地方风格。乡土树种易于获得，并且成本较低，维护相对简单。在功能区域边界、道路两旁、防护林等地的绿化布局中，乡土树种的运用不仅有助于形成独特的景观，还能有效降低养护成本，同时加快农场绿化的进程，为农场创造一个既美观又实用的绿色空间。

（3）立体结构

景观规划应依据植物的生态学特性合理配比各种植物，包括乔木、灌木、草本、花卉和蔬菜等。不同种类和高度的植物相结合，可以形成高低错落、疏密有序的植物群落关系。这样的布局不仅有赏心悦目的效果，还强化了农场的休闲功能，为游客提供了一个舒适愉悦的自然环境。

2. 规划内容

（1）道路水系

家庭农场内的道路和水系规划，不仅要考虑功能性和实用性，还需体现景观美学。道路的布局应自然、流畅，确保人员和物资运输的畅通无阻，同时在视觉上形成引导和节奏。水系设计则强调生态和美观，如水渠、小溪等不仅要满足灌溉需求，还要成为景观的焦点。此外，道路和水系的设计还应考虑对生物多样性的保护，为各类生物提供生存和迁徙的条件，增强农场的生态功能。

（2）设施农业工程

农业工程设施的规划应集实用性、科技性和美观性于一体。如温室大棚、排灌站等不仅要高效服务于农业生产，还应考虑其在景观中的协调性和美感。农业工程设施包括各类农业建筑（如畜禽舍、温室和塑料大棚等）、能对环境进行调控的各种设备（如采暖、光照、通风设备等）、环境自动监测和控制系统，如蔬菜育苗设施、植物工厂、沟渠、山塘水库等。

（3）农业生产

农业生产是家庭农场景观规划的核心。在规划时，应考虑作物的季相变化、色彩搭配和空间布局，创造多样化和层次丰富的农业景观。例如，利用立体种养、套种和轮作等技术，不仅提高土地利用效率，还能创造丰富和动态变化的景观。此外，温室内的反季节栽培和露地作物的季相变化，也能增加农场的观赏功能和教育功能。

（4）环境绿化

环境绿化是提升农场整体美感的重要方面。在规划环境绿化时，应选择适宜的树种，既满足农业生产的光照和空间需求，又提供美观的景观效果。例如，选择既具有经济价值又美观的果树和观赏植物，以及本土树种，以营造自然和谐的农林景观。四季变化中，园艺植物和农作物的色彩变化，以及道路两旁的绿化带，共同构建了丰富多彩、生机勃勃的农场环境，增强了景观的多样性和吸引力。

（六）道路规划

1. 规划要求

（1）因需而定

应按照道路功能确定路宽、结构及路面材质，做到既美观又实用。

（2）便利通畅

应以科学、有效、便捷为准则，场内道路既要利于生产经营，又要便于集散人流、物流。

（3）网状分布

道路需呈网状，功能配套，合理分隔农场内各大小区域。

（4）功能明确

道路的布局应与总体规划紧密结合，形成一个清晰、高效的交通网络。道路的设计需主次分明，确保主要通道能够承担起农场内部和对外的主要交通流量，而次要道路则服务于农场内部的特定区域。

（5）节约用地

充分利用现有道路资源，能够避免过度开发和土地资源的浪费。将道路布局与供排水网络等基础设施相结合，不仅能节约土地，还能提高基础设施的整体效率和效益。

2．规划功能

（1）种植区、养殖区主要设置生产服务的专用道和游览观光的兼用道。

（2）集散区内设置人流、车流、物流的网格状交通主、次干道。

（3）以道路为各不同级别功能区的自然分界线，便于管理和经营。

（4）休闲观光农场，还应考虑服务区、管理区内游览观光用的游览车道和交通便道。

3．规划内容

道路规划包括对外交通、入内交通、内部交通、停车场地和交通附属用地等方面。

（1）对外交通

对外交通在农场的整体规划中扮演着关键角色，尤其是对于以观光休闲为主要功能的农场而言。对外交通的设计不仅涉及道路和桥梁的建设，还包括交通站点的合理布置。这些因素共同影响着游客的到达农场便利性及对农场的初步印象。

外部道路的设计需要考虑到交通的便捷性和安全性，此外，道路上的引导标识和装饰设计也是吸引游客的重要手段。例如，在进入农场的道路上设置有趣和吸引人的标识，不仅能够引导游客，还能激发他们对农场的兴趣和期待。对于观光休闲农场，外部引导路线的设计尤为重要。距离农场大约5 000 米的位置，可以设置大型广告牌，展示农场的实际照片和简介文字，介绍农场的性质和特色项目。这种广告牌不仅提供了方向指引，还起到了宣传和吸引游客的作用。

在整条引导路线上，每隔约 500 米设置一处与农场主题或景点相关的雕塑。这些雕塑的样式、形态和大小应有节奏的变化，以增强视觉效果和吸引力。通过这样的布置，游客在抵达农场之前就能逐渐感受到农场的氛围和特色，产生极强的期待感和探索欲。

（2）入内交通

入内交通是指农场主要入口处到农场的管理、服务或接待中心间的道路，路面要求较宽、美观、实用。

（3）内部交通

内部交通系统的设计在农场规划中占据关键地位，其规划依托于三个核心要素。首先，道路的选线需考虑利用现有自然资源，如已建道路和河流，以实现交通流线的自然融合。其次，道路的宽度设计需基于农场的具体性质及不同功能区的需求，以此来界定主干道、主要道路及次要道路的规模和范围。最后，交通模式的选取可涵盖地面和水上交通，还应规划车辆和步行路径。

在细化分类上，农场内部道路根据其宽度和串联功能可分为三类：主干道路作为连接农场重要区域的关键路径，是整个交通系统的框架，尤其在休闲农场中，规划时需考虑游客行进的便捷性，避免重复行走。主要道路则贯穿各个生产区，宽度大约 3 米，以便于农业机械进出。而次要道路，通常是为行人设计的小径，在农场内部布局灵活，形式多样，对于丰富和美化农场景观起到重要作用。

（七）场内水电规划

1. 规划要求

（1）农场内外水系贯通，有水源或有进水，排水通畅；（2）充分利用原有的主要水系及水利工程，节省投资；（3）场内灌排工程要因地制宜；（4）分别考虑生产和生活用水；（5）计算用电负荷，科学架设电网，安全布置电路。

2. 规划内容

（1）灌排水设施规划

① 灌、排、畜兼用设施，农场内主干水系；② 灌溉专用设施，场田内用于进水的硬质沟渠及喷、滴灌等用的各级专用干支管道；③ 排水专用设施，场田内各级排水沟系，一般宽 1.0～1.2 米，深 0.5～0.8 米；④ 种养兼用设施，"果—基—鱼塘""猪—沼—果（茶、林）—渔"等生态工程区；⑤ 造景、养殖兼用设施，生产区、示范区、观光区、管理服务区内新开挖的池塘。

（2）生活用水规划（估算）

① 农场根据最高常住人口估算，最高日需水量按 200 升/（人日）计；② 休闲农场规划则根据最高日流动人口估算，最高日需水量按 100 升/（人日）计；③ 规划家禽、水产类养殖及其他用水量。

（3）生产用水规划

① 根据生产区不同作物种类、畜类、鱼类的需水特性来确定灌溉用水量；② 确定现有水利设施常年储水能力与供水能力。

（4）供水方式规划

① 利用农场现有自来水供水管网增容解决用水问题；② 农场自建小型深井自来水厂以补充不足和以防不测；③ 生产用水利用山塘、水库等储水设施供水。

（5）排水规划

① 生活污水无害化处理后排入场外界河，也可直接作为农业生产灌溉用水；② 雨水通过集水系统汇入农场内山塘、水库、河沟，作灌溉用水。

（6）供电规划

① 农场的生活、生产和经营用电通过增容解决；② 用电量估算：农场每年的常规民用电量设人员按 50 千瓦·时/（人月）计，经营用电（旅游接待）按每人次 0.5 千瓦·时计，农业及绿地养护每年用电量按每亩 100 千瓦·时计，从而估算出农场近期即 5～10 年、中期即 10～20 年、长期即 20～50年的年用电量；③ 电力线布局依道路（沟）立杆架线而建，建议农场内特别是休闲服务区、生活区和文体教育项目区采用地下电缆。

（八）通信电信规划

1. 电话

家庭农场按照需要可在家庭生活区配备电话；综合性生产农场可在各生产区配备电话；休闲农场可在管理经营区、休闲服务区、家庭农场区及各生活区管理站均配备程控电话，以便于通信和协调。在这些区域中，部分单位还可以设置小型内部总机，以提高通信效率。

2. 电视

规划时把所在地区的有线电视电缆引进农场。

3. 电脑网络

农场内每个有关管理、经营和生活单元均配备电脑，并连接互联网。

（九）设施规划

1. 生产设施

在规划农场特别是农业观光类的农场时，种植大棚和温室建筑等生产设施尤为关键。这些设施不仅是农业生产的基础，还是游客体验农场生活、参与观光和采摘活动的重要场所。

（1）满足生产需要

在规划这些生产设施时，应考虑农场的主题和性质，合理设定其形式和规模。

（2）科技含量高

在规划生产设施时，应积极融入高科技元素，利用现代技术来提高农业生产的效率和质量。

（3）因地制宜

生产设施规划需要充分考虑农场的环境和资源特点，实现与周边环境的和谐共生。

2. 服务设施

在综合性和休闲观光农场的规划中，设置合适的服务设施至关重要。这些设施通常包括餐厅、别墅、宾馆和购物中心等，旨在为游客提供餐饮、住宿、购物和娱乐休闲的便利。在设计这些服务设施时，应考虑农场的特性、功能、乡村资源及预期的游客数量和需求。同时，还需要考虑地形和环境等自然条件，以确保服务设施的规模和形式与农场的整体风格和环境相协调。

（1）根据客源确定园区发展规模

在农场服务设施的规划中，首先要根据预期的客源及其规模来确定园区的发展规模。规模过大会导致资源浪费和维护难度增加，而过小则无法满足游客需求。

（2）结合农场性质及主题完善功能

服务设施的规划应充分考虑农场的性质和主题，以确保提供的服务能满足游客的不同需求。服务设施应提供包括餐饮、休闲、娱乐在内的多样化服务，以优化游客体验，提高满意度。

（3）布局合理性

服务设施的布局需要兼顾交通便利、接近景点和对农业生产的干扰最小化等因素。合理的布局可以提升游客的便利性和舒适度，同时保护农场的生产活动。

（4）与景观环境融合

在规划和设计服务设施时，应注重与农场的景观环境和整体风格的融合。设计应考虑地形、自然景观、当地文化特色等因素，使服务设施成为农场景观的一部分，而非突兀的外来体。

3. 小品设施

小品设施在农场规划中起着点缀和优化整体美学效果的关键作用，以下是针对小品设施规划的两个主要原则的详细阐述。

（1）尊重环境，结合景点布置

小品设施的规划和布置应充分考虑到所在地块的自然环境和生态系统，以保护和提升农场的环境质量。在设计时，应尽量减少对自然环境的干扰和破坏，如避免砍伐原生植被或改变地形地貌。小品设施的设置应与周围的景观协调一致。小品设施的设计应考虑生物多样性，如设置鸟巢和蝴蝶花园，为野生动植物提供栖息地，以此丰富生态景观。

（2）因地制宜，凸显农场特色

在小品设施的布局和设计上，必须因地制宜，充分利用农场内的自然和文化资源。小品设施应体现农场的独特性和地域特色，成为农场内的微型景点。

第三节　家庭农场的财务管理

一、家庭农场的资金管理

资金是市场经济条件下家庭农场生产和经营过程中所占用的物质资料和劳动力价值形式的货币表现，资金是家庭农场获取各种生产资料，以及持续发展不可缺少的要素。家庭农场资金是指用于家庭农场生产经营活动和其他投资活动的资产的货币表现。按照资金的价值转移方式，其可分为流动资金和固定资金。

（一）家庭农场流动资金管理

流动资金是指在家庭农场生产经营过程中，垫支在劳动对象上的资金和用于支付劳动报酬及其他费用的资金。

1. 货币资金管理

家庭农场的财务管理中，货币资金是流动资金中流动性最强的部分，包含了现金、银行存款和其他形式的货币资金。这些资金的管理对农场的财务健康和运营效率至关重要。

（1）现金管理

现金是指家庭农场所拥有的硬币、纸币，即由家庭农场出纳员保管作为零星业务开支之用的库存现款。家庭农场持有现金出于三种需求，即交易性需求、预防性需求和投机性需求。

交易性需求指维持日常运转和商业活动的现金流需求。由于日常支出和收入在数额或时间上不匹配，因此需要持有一定量的现金来保证生产和经营活动的连续性。

预防性需求要求持有额外的现金以应对突发事件，如政治环境变化或大客户违约等。这要求财务管理者预测现金需求，并为不可预见的情况持有足够的现金储备。

投机性需求指为了抓住未来可能出现的投资机会而持有现金。这些机会通常短暂且难以预测，如证券价格的突然下跌。因此，农场需要持有一定量的现金以利用这些机会。

如果家庭农场持有的现金过多，会因现金资产的收益性较低，增加家庭农场财务风险，降低收益；如果家庭农场持有的现金过少，会很容易因为缺乏必要的现金不能应付业务开支需要而影响家庭农场的支付能力和信誉遭受信用损失。

家庭农场现金管理的目的在于既要保证家庭农场生产经营所需要现金的供应，又要尽量避免现金闲置，并合理地从暂时闲置的现金中获得更多的收益。

家庭农场要遵守国家现金管理有关规定，做好库存现金的盘点工作，建立和实施现金的内部控制制度，控制现金回收和支付，多方面做好现金的日常管理工作。

（2）银行存款管理

银行存款管理就是家庭农场把自由的货币资金存放到银行或者其他的金融机构管理。家庭农场银行存款管理的目标是通过加速货款回收，严格控制支出，力求货币资金的流入与流出同步来保持银行存款的合理水平，使家庭农场既能将多余货币资金投入有较高回报的其他投资方向，又能在家庭农场急需资金时，获得足够的现金。

2. 债权资产管理

债权资产是指债权人将在未来时期向债务人收取的款项，主要包括应收账款和应收票据。

（1）应收账款管理

家庭农场应收账款管理方面的关键在于制定和实施一套合理的信用政策，这不仅是财务管理的重要组成部分，也是确保农场资金流动性和财务健康的关键。信用政策的制定应基于农场的实际经营状况和客户的信誉情况，涵盖信用标准、信用期限、折扣政策和收账政策等方面。合理的信用政策有助于优化资金管理，减少财务风险。

信用政策制定后，家庭农场需要在以下三个方面加强执行力度。

① 客户资信调查

对客户的资信进行全面调查是确保信用政策有效执行的前提。客户的资信评估应基于"5C"系统：品德、能力、资本、担保和条件。通过分析客户的财务报表、信用评级报告和商业交往信息，农场可以全面了解客户的信用状况。基于这些信息，农场可以决定是否与客户交易、交易规模、信用额度、交易方式和付款期限等。

② 应收账款的日常管理

家庭农场应做好基础记录，密切关注客户的付款及时性和信用额度的使用情况。需要监控账款的周转率和平均收账期，确保流动资金处于正常水平。对潜在坏账损失进行预估，并建立应对机制，如建立坏账准备金等，这是日常管理中不可忽视的部分。编制账龄分析表，以了解和控制各阶段应收账款的状况，这也是日常管理的重要环节。

③ 应收账款的事后管理

事后管理涉及确立合理的收账程序和讨债方法。家庭农场需要制定明确的收账流程和策略，以应对逾期账款和潜在的坏账问题，这包括与客户协商还款计划、采用法律手段追讨等。事后管理的目的在于最大化地回收应收账款，同时保持与客户的良好关系。

（2）应收票据管理

应收票据包括期票和汇票。期票是指债务人向债权人签发的，在约定日期无条件支付一定金额的债务凭证。汇票是指由债权人签发（或由付款人自己签发），由付款人按约定付款期限，向持票人或第三者无条件支付一定款项的凭证。家庭农场为了弥补无法收回应收票据而产生的坏账损失，应建立和健全坏账准备金制度。

（3）存货管理

在家庭农场的运营中，存货管理是财务管理和日常经营的重要内容。存货不仅包括已经生产完成且准备销售的产成品和商品，还涵盖了生产过程中的产品、未消耗的物料以及农场特有的项目，如收获的农产品、幼畜和生长中的庄稼等。管理这些存货对于农场的经济效益和运作效率至关重要。

置留存货的目的一方面是为了确保农场的生产和销售活动的顺畅进行，另一方面则是基于成本考量。批量购买物资通常能享受价格优惠，而零星购买则成本较高。

为了提高存货管理水平，家庭农场需要采取一系列措施：严格执行财务制度规定，确保账目、实物和记录的一致性；采用 ABC 控制法，这种方法通过区分存货的重要性和使用频率，帮助农场优化库存量，加速资金的周转。加强对存货采购的管理，合理规划采购资金，控制采购成本，以减少不必要的支出；利用企业资源计划（ERP）等先进的管理模式，实现存货资金的信息化管理，通过信息化系统，农场可以更准确地预测存货需求，优化库存，并减少过度存货带来的财务压力。

（二）家庭农场固定资金管理

1. 固定资金的特点

固定资金是指家庭农场用在主要劳动资料上的资金，其实物形态表现为固定资产，如工作机器、动力设备、传导运输设备、房屋及建筑物等。家庭农场固定资产还包括土地、堤坝、水库、晒场、养鱼池、生产性生物资产等。在家庭农场中，根据劳动资料的使用年限和原始价值，劳动资料被分为固定资产和低值易耗品两类。具有较长使用年限和较高原始价值的劳动资料归类为固定资产进行管理和核算。反之，那些原始价值不高且使用年限较短的劳动资料则作为低值易耗品处理。这种分类方法有助于家庭农场更加精确和高效地管理其资产，确保财务记录的准确性和透明度。

固定资产在较长时期内的多次生产周期中反复发挥作用，直到报废之前，仍然保持其实物形态不变。固定资产在使用过程中不可避免地会发生损耗，其价值也会随着它的损耗程度逐渐地、部分地转移并从产品实现的价值中逐渐地、部分地补偿。

固定资金在运转中表现出以下特点：运转期长；固定资产资金的价值补偿和实物更新分别进行；固定资金的投资是一次性的，而投资的收回分次进行。

2. 固定资产管理的基本要求

固定资产具有价值高、使用周期长、使用地点分散、管理难度大等特点，为了满足生产对固定资产数量和质量的需要，同时提高固定资产的利用效率，要做好五点：第一，家庭农场要正确核定固定资产的需用量；第二，要保证固定资产的完整无缺；第三，要不断提高固定资产的利用频率；第四，要正确计算和提取固定资产折旧；第五，要加强固定资产投资预测和决策。

二、家庭农场的融资管理

（一）家庭农场融资的特征

作为我国新型农业经营主体，家庭农场与一般的农户相比，在融资方面有四点特征。

1. 融资额度扩大化

与普通农户相比，家庭农场实施规模化经营，在融资方面表现出额度扩大化及融资期限多元化等特征。家庭农场一般由于集约化经营，需要流转一定规模的土地，因此具有较大的经营规模，需要较为先进的物质装备，承担较多的土地流转费、农机购置费等投入，金融需求由过去的小额分散逐渐向集中大额度金融需求转变。

2. 金融服务多样化

作为新型农业经营主体的家庭农场，经营规模、产业链长度、营销渠道与普通农户之间具有较大的差异，因而融资需求呈现多样化的特征，对引入资本、发行债券、管理咨询、现金管理等非信贷类银行服务需求明显增多。

3. 农业保险意识增强化

家庭农场由于其相对较大的投资规模和更长的投资周期，面临着与普通农户不同的风险和挑战。农业保险为家庭农场提供了一种有效的风险管理机制，可以在遭遇自然灾害、疾病或市场价格波动等不可预见事件时，提供经济保障。这种保障机制不仅减少了农场主承担的风险，也增强了农场的财务稳定性和可持续发展能力。期货套期保值作为一种金融工具，能够有效地锁定未来的产品价格，减少市场波动带来的不确定性。这对于长周期的农业生产尤为重要，因为它提供了一种价格保护机制，确保农场能够在市场波动中保持稳定的收益。家庭农场对建立健全的农村金融风险转移和补偿机制的需求格外迫切。

4. 融资需求延伸化

随着现代农业产业化的发展，农村一二三产业的融合发展，家庭农场作为农业产业化的基础力量，其信贷需求从传统的生产环节逐渐向全产业链延伸，逐渐涉及农产品加工、流通、销售等多个环节，对传统的金融服务提出了更高的要求。在客观上增加了对与家庭农场相适应的全方位、综合性的金融服务的需求。

（二）家庭农场融资的方式

1. 国家财政资金（政府资金投入）

家庭农场在发展的早期阶段尤其需要更多的政府资金援助，尽管在全国范围内，政府对家庭农场的资金投入存在明显的地域差异，且目前尚未设立专门针对家庭农场发展的财政资金，但增加对这一领域的财政补贴无疑将对农场的早期发展产生积极影响。

2. 自筹（民间资本参与）

随着家庭农场在农业领域的日益普及，资金的筹集变得日益复杂，仅依赖政府补助已经不足以满足其发展需求。目前，国内大多数家庭农场的基础设施建设资金中，约80%来源于农场主的自有资金和民间借贷。这种情况下，农场主通常需要独自承担生产和生活费用，这种"两费自理"的模式对他们的财务状况造成了巨大压力。由于一部分自有资金用于租赁土地，农场主往往面临基础设施建设资金短缺问题。加之从传统金融机构获取贷款的难度，许多农场主转向从亲朋好友等民间渠道借款。虽然这种方式能在短期内缓解资金压力，但对于长期的融资问题帮助有限。

三、家庭农场成本费用管理

成本是商品价值的组成部分。人们要进行生产经营活动或达到一定的目的，就必须耗费一定的资源（人力、物力和财力），其所费资源的货币表现及其对象化称为成本。

（一）成本与费用的概念

成本与费用是两个不同的概念。成本一般指生产经营成本，是按照不同产品或提供劳务而归集的各项费用之和。我国现行财务制度规定，产品成本是指产品制造成本，是生产单位为生产产品或提供劳务而消耗的直接材料、直接工资、其他直接支出和制造费用的总和。费用常指生产经营费用，是家庭农场在一定时期内为进行生产经营活动而发生的各种消耗的货币表现。

成本与生产经营费用都可反映家庭农场生产经营过程的耗费，生产费用的发生过程往往又是产品成本的形成过程。二者的区别在于耗费的衡量角度不同，成本是为了取得某种资源而付出的代价，是按特定对象所归集的费用，是对象化了的费用；费用是对某会计期间家庭农场所拥有或控制的资产耗费，是按会计期间归属，与一定会计期间相联系而与特定对象无关。另外，生产经营费用既包括直接费用、制造费用，还包括期间费用，产品成本只包括直接费用和制造费用。

（二）成本与费用的构成

1. 产品成本项目构成

（1）直接材料

直接材料包括在商品生产或劳务提供的过程中消耗的原材料和主要物料，这些材料直接参与产品的生产过程，构成了产品的主体。此外，直接材料还涵盖外购的半成品及对产品成型起到辅助作用的辅料和其他相关材料。

（2）直接工资

直接工资指的是在产品生产或劳务提供过程中直接参与工作的员工的工资，包括基本工资、奖金和补贴等。这些工资反映了员工在生产过程中的直接劳动投入，是产品生产成本的重要组成部分。

（3）其他直接支出

其他直接支出包括直接从事产品生产人员的职工福利费等。

（4）制造费用

制造费用涵盖了生产过程中的多种间接成本，包括生产车间管理人员的薪资、奖金和福利费用，以及车间建筑和设备的折旧费。此外，制造费用还包含租赁费（排除融资租赁费用）、各种维修费用、原材料和低值易耗品的消耗成本、取暖和降温费用、水电费、办公费用、差旅和运输费用，以及保险费、设计与制图费、试验检验费和劳动保护费等。

2. 期间费用项目

期间费用是指家庭农场本期发生的、不能直接或间接归入营业成本，而是直接计入当期损益的各项费用，包括销售费用、管理费用和财务费用等。

（1）销售费用

家庭农场在其产品销售过程中所产生的各项费用统称为销售费用。这些费用涵盖了从产品销售的准备阶段到实际销售过程中的多种开支，其具体包括家庭农场需要承担的运输费用、装卸货物的费用、产品包装费、保险费、参加展览的费用、支付的销售佣金、委托代销的手续费、广告宣传费、租赁费用及提供销售服务的费用等。还包括专设销售机构的人员工资、福利费、差旅费、办公费用、设备折旧、修理费、材料消耗、低值易耗品的摊销及其他相关费用。家庭农场内部销售部门的费用，由于属于行政管理范畴，因此不归类于销售费用，而应计入管理费用之中。

（2）管理费用

管理费用是家庭农场在管理和组织生产经营活动中所产生的各项开支。这些费用的构成相当广泛，涉及家庭农场日常运营的多个方面。管理费用包括家庭农场管理层的经费，如管理人员的工资、福利费用、差旅费、办公费、设备的折旧和修理费用、物料消耗、低值易耗品的摊销等。此外，还包括向工会缴纳的经费、用于提升职工文化和技术水平的教育经费，以及支付给离退休职工的各类福利费用，如退休金、医疗保险费、丧葬补助费等。

家庭农场的管理费用还涉及差旅费和会议费等，这些费用通常是农场董事会或最高权力机构及其成员在执行职能时发生的。咨询费和审计费也是其重要组成部分，农场为获得专业咨询和审计服务而支出的费用。其中还包括由于法律诉讼而产生的费用，以及各类应纳税费，如房产税、车船使用税等。此外，农场还需要支付土地使用费、土地损失补偿费等，这些费用与农场的地理位置和生产活动密切相关。

家庭农场的管理费用中还包括技术转让费和技术开发费，这些费用用于购买或使用专有技术，以及开发新产品和新技术的相关开支。无形资产和递延资产的摊销费用，如场地使用权和工业产权的摊销，也是管理费用的一部分。还有坏账损失、业务招待费等，这些是农场在业务经营中为保持和拓展市场关系而支付的费用。除此之外，还包括绿化费、排污费等其他管理费用。这些费用虽然不属于上述任何一类，但对于保护农场的环境和承担社会责任同样重要。

（3）财务费用

财务费用是家庭农场在筹集资金和理财活动中产生的各类开支，这些费用的构成十分多元，涉及家庭农场在金融市场中的各种操作。财务费用包括利息净支出，即农场为其短期借款、长期借款、应付票据、票据贴现、应付债券及融资租赁等所支付的利息总额，扣除农场银行存款产生的利息收入，这部分费用直接关系到农场的资金成本和运营效率。

汇兑净损失也是财务费用的一部分，这指的是家庭农场在外币兑换过程中，由于市场汇率与实际交易汇率的差异而产生的损失或收益。这部分损失或收益通常与国际贸易活动或跨境交易紧密相关，在一些情况下，期末调整外币账户余额时由于汇率变动而产生的损失或收益也包括在内。金融机构手续费是家庭农场进行金融活动时不可避免的成本，这包括农场在银行开出汇票、进行资金转账或进行其他金融服务时支付的各类手续费。这些费用虽然单次可能不高，但累计起来对农场的整体财务状况也会有一定影响。

（三）家庭农场成本费用管理方式

加强成本费用管理，降低生产经营耗费，有利于促使家庭农场改善生产经营管理，提高经济效益，是扩大生产经营的重要条件。

1. 成本费用管理原则

（1）正确区分各种支出的性质，严格遵守成本费用开支范围。

（2）正确处理生产经营消耗同生产成果的关系，实现高产、优质、低成本的最佳组合。

（3）正确处理生产消耗同生产技术的关系，把降低成本同开展技术革新结合起来。

2. 家庭农场降低成本费用的途径与措施

（1）节约材料消耗，降低直接材料费用

在家庭农场的运营中，有效地节约材料消耗和降低直接材料费用是至关重要的。为此，车间技术检查员应严格遵循技术规范，确保每个操作环节都符合图纸和工艺要求。实施首检制度是一个重要措施，它有助于及时发现生产过程中的问题，从而防止大规模的产品报废。设备的维护和管理也不容忽视，设备员需要定期检查和维护生产设备，确保设备处于最佳运行状态，减少因设备故障导致的生产中断和质量问题。供应部门的材料管理同样关键，需确保材料的发放严格按需进行，避免无谓的浪费。这不仅包括对原材料的合理分配，还包括对材料使用的持续监控和评估。生产调度人员在规划生产活动时，必须考虑材料的最优利用，通过精细化管理减少浪费。材料费用的有效控制需要材料核算员与各部门紧密合作，通过定期审查和分析成本数据，找到节约机会。

（2）提高劳动生产率，降低直接人工费用

劳动定额的合理制定和严格执行能够有效控制工时消耗，提升生产效率。通过持续的技能培训和职业发展计划，提高工人的技术熟练度和工作效率，是降低人工成本的另一个重要途径。工作流程的优化和作业计划的合理安排也有助于劳动生产率最大化，确保每位工人在生产线上的工作量和效率都达到最佳状态。这种全面的劳动管理策略不仅能够保持合理的工资增长，也能显著降低单位产品的人工成本，从而提升家庭农场的整体经济效益。

（3）推行定额管理，降低制造费用

成本控制是确保企业竞争力和可持续发展的核心环节。推行定额管理，即通过建立合理、科学的成本定额标准，对制造费用进行有效控制，是降低成本、提高效率的重要策略。定额管理涉及的制造费用项目繁多，包括但不限于原材料消耗、能源使用、设备折旧、人工成本等。实施定额管理时，对于已有明确定额标准的费用项目，应严格执行定额控制，确保成本在预定范围内。对于尚未制定定额的费用项目，则应依据预算进行管理，防止超支。在这一过程中，企业应分别授权各个部门、车间和班组相关责任人进行费用控制与监督。这些责任人不仅要对费用执行情况进行实时监控，还应积极提出相关的建议。通过这种分级管理模式，企业能更加细致和全面地掌控成本，提高响应速度和适应性，进而实现成本优化和资源配置的优化。

定额管理应持续评估和调整，随着市场环境的变化和技术的发展，原有的定额标准可能不再适应当前情况。因此，企业应定期对定额标准进行审查和调整，确保其始终符合企业的实际情况和市场需求。通过这种动态管理，企业能够更灵活地应对市场变化，维持其成本优势。

（4）加强预算控制，降低期间费用

严格控制期间费用开支范围和开支标准，不得虚列期间费用，正确使用期间费用核算方法和结转方法。

（5）实行全面成本管理，全面降低成本费用水平

实施全面成本管理，即在整个产品生命周期内，从设计、投产、生产到销售的各个环节实行成本控制，是降低成本费用、提升企业竞争力的关键。此过程不仅需要领导层的坚定支持和积极参与，更依赖于广大员工的日常执行和配合。员工在成本控制过程中的作用不容忽视，他们的行为和决策直接或间接地影响着成本费用水平。因此，企业需通过有效的内部沟通和教育，加强成本管理意识的宣传，确保每一位员工都能深刻理解并实践成本控制的理念。

四、家庭农场的利润管理

（一）利润的概念

利润是家庭农场劳动者为社会创造的剩余产品价值的表现形式。利润是家庭农场在一定时期内，从生产经营活动中取得的总收益，按权责发生制及收入、费用配比的原则，扣除各项成本费用损失和有关税金后的净额，包括营业利润、投资净收益、补贴收入和营业外收支净额等。它是家庭农场在一定会计期间的最终经营成果。

（二）家庭农场总利润的构成

1. 营业利润

利润总额＝营业利润＋投资净收益＋补贴收入＋营业外收入－营业外支出

营业利润＝主营业务利润＋其他业务利润－管理费用－营业费用－财务费用

主营业务利润＝主营业务收入－主营业务成本－主营业务税金及附加

其他业务利润＝其他业务收入－其他业务支出

2. 投资净收益

净利润＝利润总额－所得税

3. 补贴收入

补贴收入是指家庭农场按规定实际收到的退还的增值税，或按销量或工作量等依据国家规定的补助定额计算并按期给予的定额补贴，以及属于国家财政扶持的领域而给予的其他形式的补贴。

4. 营业外收入

营业外收入，来源于一些非常规或偶发的交易。主要包括诸如固定资产盘盈，即在清点固定资产时发现的实际资产数量超过账面记录所得的盈余；处置固定资产的净收益，这是指在售出固定资产后，所获得的收入减去相关成本后的净额；处置无形资产时获得的净收益，包括专利权、商标权等无形资产的出售所带来的净收益。还包括罚款净收入，即因为对外诉讼或其他原因获得的罚款收入减去相关成本后的净额。

5. 营业外支出

营业外支出包括处置固定资产的净损失，即在出售固定资产后、实际销售成本超过收入的部分；处置无形资产的净损失，涉及如专利、商标等无形资产出售时的净亏损；债务重组损失，指在债务重组过程中产生的损失；计提的固定资产减值准备、无形资产减值准备及在建工程减值准备，这是指对于可能价值下降的资产所做的准备金计提；固定资产盘亏，即在清点固定资产时发现的实际资产数量低于账面记录的损失；非常损失，包括由于意外事件导致的损失；罚款支出，指因违规或违法行为而支付的罚金；捐赠支出，指为公益目的所做的捐助。

（三）家庭农场利润的分配

利润分配，是将家庭农场获得的净利润，按照国家财务制度规定的分配形式和分配顺序，在国家、家庭农场和投资者之间进行的分配。利润分配的过程与结果，是关系到所有者的合法权益能否得到保护，家庭农场能否长期、稳定发展的重要问题。为此，家庭农场必须加强利润分配的管理和核算。

1. 利润分配的原则

（1）依法分配原则

家庭农场利润分配的对象是家庭农场缴纳所得税后的净利润，这些利润是家庭农场的权益，家庭农场有权自主分配。国家有关法律法规如《中华人民共和国公司法》（以下简称《公司法》）等对家庭农场利润分配的基本原则、一般次序和重大比例也做了较为明确的规定，其目的是保障家庭农场利润分配的有序进行，维护家庭农场和所有者、债权人及职工的合法权益，促使家庭农场增加积累，增强风险防范能力。利润分配在家庭农场内部属于重大事项，家庭农场在利润分配中必须切实执行法律法规，对本家庭农场利润分配的原则、方法、决策程序等内容作出具体而又明确的规定。

（2）资本保全原则

资本保全原则是现代家庭农场制度中的一个核心理念，强调在经营和利润分配过程中保护和维持初始投资的完整性。这一原则确保了家庭农场的初始资本不被消耗而减少，在分配利润时，应当仅分配超出初始资本投入的增值部分，而不是初始投入的资本本身。资本保全原则也涉及对资产的适当管理和维护，确保农场的基础设施、土地、机械等资本投入保持其价值和功能，从而支持农场的长期运营和发展。

（3）充分保护债权人利益原则

在家庭农场的财务管理中，充分保护债权人利益原则占据了重要地位。这一原则要求，在利润分配之前，家庭农场必须优先偿还所有到期债务。这不仅是遵守法律和合同义务的体现，也是维护信誉和财务稳定性的关键。债权人的权益通常根据风险承担的顺序和合同契约来决定，在满足债权人要求后，农场才能进行利润分配。同时，即使在分配利润之后，家庭农场也应保持一定的偿债能力，以防财务危机发生，保障农场的长期生存和发展。

（4）利益兼顾原则

利润分配在家庭农场的运营中扮演着关键角色，它不仅涉及投资者、经营者和员工等多方的利益，也是持续稳定经营的基础。合理的利润分配策略是确保利益机制可持续发挥作用的关键。家庭农场在进行利润分配时，应兼顾各方利益，并尽可能保持分配的稳定性。在实现稳定增长后，农场可以适当增加利润分配的数额或比例。同时，家庭农场在处理积累与消费的关系时，应贯彻积累优先的原则，合理确定盈余公积金的提取比例和投资者利润分配的比例。

2. 利润分配的程序

利润分配程序是家庭农场财务管理中的一个关键，其遵循的是一系列明确的法定步骤，旨在确保对农场所获得的净利润进行合理、合法的分配。根据《公司法》等相关法律法规，家庭农场首先需对其在一定期间内获得的利润总额进行国家税法规定的相应调整。这一步骤保证了利润计算的准确性和法律遵从性。这是利润分配程序中的关键环节，确保家庭农场履行其财税义务，促进其合法合规运营。缴纳所得税后所剩余的净利润，即为可供分配的利润。这部分利润将按照特定的顺序进行分配，这一顺序通常涵盖了对债权人利益的保护、盈余公积金的提取、投资者利润的分配等环节。

（1）弥补以前年度的亏损

在中国的财务和税务制度下，家庭农场处理以前年度亏损的程序体现了对财务稳定性和连续性的重视。这一程序规定，家庭农场可以使用下一年度的税前利润来弥补上一年度的亏损。如果下一年度的税前利润不足以完全弥补这些亏损，则可以继续使用后续年度的利润弥补。重要的是，使用税前利润弥补以前年度亏损的时间限制为连续 5 年。如果在这 5 年内仍未能完全弥补亏损，则剩余的亏损需要使用本年的税后利润弥补。这意味着，家庭农场需要在缴纳所得税后，用剩余的净利润来补足先前年度的亏损。在此过程中，本年的净利润加上年初未分配的利润共同构成了家庭农场可供分配的利润总额。只有当这个可供分配的利润总额大于零时，家庭农场才能进行后续的利润分配，如向投资者分配利润、提取盈余公积金等。

（2）提取法定盈余公积金

根据《公司法》的规定，在中国的公司制家庭农场中，提取法定盈余公积金是利润分配过程的一个重要环节。法定盈余公积金的主要目的是在必要时用以弥补亏损、扩大生产经营规模或进行资本增资。提取法定盈余公积金的比例定为当年税后利润（已弥补亏损后）的 10%。这意味着在进行任何其他形式的利润分配之前，公司需从其净利润中划拨一部分作为盈余公积金。这一做法有助于加强公司的财务基础和抵御未来的经营风险。当法定盈余公积金的累计金额达到公司注册资本的 50%时，公司可以选择不再继续提取这部分公积金。这一规定反映了对公司财务稳健性和合理性的考量。在其累积到一定程度后，额外的提取不再必要，从而允许更多的利润用于其他用途，如投资者分红或企业发展。

（3）提取任意盈余公积金

根据《公司法》的规定，在中国的公司制家庭农场中，除了提取法定盈余公积金外，还可以根据股东会或股东大会的决议，从税后利润中提取所谓的"任意盈余公积金"。

（4）向投资者分配利润

根据《公司法》的规定，在中国的公司制度下，对投资者或股东的利润分配是在公司完成亏损弥补和公积金提取之后进行的。这一规定确保了公司在分配利润给股东之前，首先保证了其财务的稳定性和合理性。

在有限责任公司中，股东通常按照其实际出资比例分取红利。这意味着，股东获取的利润分配与其在公司中的股权比例直接相关。然而，如果所有股东达成共识并在公司章程中约定，可以不按照出资比例分取红利。如果公司在弥补亏损和提取法定公积金之前就向股东分配了利润，这种分配被视为违反《公司法》的规定。在这种情况下，股东必须将非法分配的利润退还给公司。这一规定强调了公司在进行利润分配前必须首先考虑到公司的财务稳定和法定责任，确保利润分配的合法性和合理性。这样的安排有助于维护公司的长期健康发展和股东的整体利益。

第四节　家庭农场的风险管理

对于家庭农场而言，随着经营规模的扩大，风险也在相应扩大，必须有一个良好的风险控制体系，重点防控自然风险、疫病风险、市场风险、制度风险和社会风险五大风险。

一、自然风险

农业生产所面临的自然风险是其固有的特性，这种风险源于其对自然条件的依赖性。自然灾害如干旱、洪涝、冰雹、病虫害等，无疑给农业带来了不可预测的威胁。例如，播种期干旱少雨，若缺乏灌溉设施，将导致种植失败或严重影响作物生长。作物生长期间，冰雹、旱涝、高温低温等极端天气事件可能随时发生，对作物生长造成不利影响。此外，收获期的农作物也可能因突发的自然灾害如冰雹而遭受严重损失。面对这些风险，虽然国家政策性农业保险制度正在逐步完善并提供了基本的风险保障，但仍需加强运用与推广。除了依赖保险制度外，农业生产者还应积极采取技术措施，如建设防雹网等设施，虽然初始投入较大，但长远来看，可以有效降低自然灾害带来的损失。

二、动植物疫病风险

在农业领域，动植物疫病风险构成了一大挑战，尤其是在畜牧业和种植业中。以口蹄疫为例，此类疾病的暴发会导致养殖场内偶蹄动物的大规模死亡或强制扑杀，对生猪、牛羊等养殖业构成严重威胁。因此，采取最严格的预防和控制措施是必要的。此外，常见的动物疫病同样会引起动物死亡或商品价值的丧失，给养殖业带来不小的经济损失。

在植物方面，流行病害和虫害也是重大风险因素。例如，小麦的吸浆虫和玉米的黏虫等病虫害，若防控不及时，将导致严重的产量损失。因此，动植物疫病风险的有效管理与控制，依赖于严格的技术管理和持续的警惕态度。种植和养殖企业的管理核心，实际上是技术管理的高效运用。只有减少疫病损失，种植和养殖业的经济效益才能得到提升。

三、市场风险

农业领域所面临的市场风险，相较于工业领域，呈现出更为严峻的特点。这主要是由农产品的特殊属性所决定。农产品，特别是鲜活类产品，具有极短的保质期，这要求它们必须在收获后的短时间内迅速销售，否则易腐烂变质。相比之下，即使是那些保质期较长的农产品，其耐储存性也远不及工业品。一个典型的市场风险体现为农产品的"难卖"问题。在集中收获季节，供应量大幅增加，往往导致价格下跌，供需失衡，进而降低农产品的市场效益，并引发资源浪费。针对这一问题，有效应对市场风险的策略至关重要。首先，农业生产者和相关组织需要重视市场分析，以避免因产量过剩而陷入"丰收陷阱"。其次，加强农业生产的组织化程度，如通过行业协会、实施订单农业、建立合作社联合等方式，可以有效稳定市场，畅通产品的产后销售渠道，从而保障农民的收益。

四、制度风险

制度风险在农业领域中表现为政策的不确定性和变动性，这种风险通常具有系统性特征，家庭农场往往难以独立应对。典型的例子是地方政府为促进经济发展而推出的各种优惠政策和小型产业项目。这些政策和项目可能因地方领导更替而发生改变，导致原本承诺的优惠措施和订单保障无法实现，从而给参与者带来重大损失。针对这种制度风险，家庭农场的负责人需要重视对地方产业政策的深入研究，并在经营活动中保持清醒的头脑。科学的产业选择和经营策略是避免因追求短期利益而导致长期损失的关键。当然，也不能为避免因政策变动可能带来的不稳定性而完全放弃国家提供的正常优惠政策。

五、社会风险

社会风险，也称道德风险，在农业领域中主要表现为由于对市场经济规则的忽视或违反所引发的问题，其中土地流转纠纷尤为突出。对于大多数家庭农场来说，其运营往往依赖于土地流转，因此土地经营权的长期稳定性成为其投资农业的首要条件。然而，在实际操作中，由于各种原因，农民可能会突然违约，强行收回流转的土地，这种情况不仅频繁发生，而且常常引发严重的社会问题。

为有效应对此类风险，家庭农场需要学习如何与农民沟通和交流，尽可能从农民的视角出发考虑问题。例如，在长期土地流转合同中，应允许农民每 3 至 5 年调整一次流转租金,这样的主动协调有助于减少被动应对的局面。家庭农场还应考虑运用流出土地农民的剩余劳动力,为他们提供就业机会,这不仅有助于提高农场的生产效率,还能增强农民与农场的社会联系,从而弱化其抵制情绪。重视与乡村党政力量的沟通同样重要,这有助于在冲突发生时获得公正的评判和支持。

第五章　合作社的经营与管理

本章为合作社的经营与管理，重点阐述和分析成立合作社的程序，合作社成员的权利、义务，合作社的财务管理，创建合作社示范社的方法等四个方面的内容。

第一节　成立合作社的程序

一、确定合作社的经营业务和发展目标

（一）确定合作社的经营业务

成立合作社首先需要考虑合作社的经营业务是什么，只有确定好经营业务才能推动合作社的后续发展及建设规划。在确定经营业务时应当充分结合国家相关法律法规、产业政策，结合合作社自身的规章制度，结合合作社的实际情况以及各成员的生产发展需要，在确定好经营业务后，需要将经营业务纳入合作社章程，也需要向工商部门报备登记。

合作社的经营业务大多包括以下几类：对生产经营过程中的人员进行技术培训，引进新作物品种，购买农业生产过程中所需资料，储存农产品，产品加工增值销售与运输服务、信息服务等。

在确定生产经营业务时要充分结合合作社本身的实际情况，也要结合合作社所在地区所具有的天然资源优势，更要充分考虑各成员的实际发展需求，只有合适的经营业务才能确保合作社发展更加长远和顺遂，否则将会严

重阻碍合作社的发展，甚至会使合作社面临破产。

（二）确定合作社的发展目标

合作社的目标主要包含经济目标和社会目标两个层面，经济目标主要是通过合作社的运行和发展给农民提供必要帮助和服务，帮助农民增收，提高物质生活水平；社会目标则是指在经济目标的基础之上，通过发挥合作社的作用，创造更多社会价值，实现共同富裕，为社会发展助力。因此，合作社的发展能否给农民带来切身利益是农民重点考虑的因素，也是农民决定是否加入合作社的重要原因。

以前开办合作社更多是农民自发行动，通过组建合作社争取国家财政支持和政策补贴，改善生产生活条件，提高经济收益。

而现在开办合作社更重要的是具备为农民服务、为社会发展服务的理想和信念，能够对农业发展保持热情、决心和信念，能够踏踏实实投身到农业发展过程中，通过农村合作社实现自身的价值。

二、确定合作社的名称和住所

（一）确定合作社的名称

农民合作社是对合作社的固定称谓。合作社的名称往往由地域、产品、字号、专业合作社等词汇共同组成，是区别于其他合作社的重要标志。

农民合作社的名称受到法律保护，具有唯一性，不得和其他已注册的农民合作社使用同一名字，他人或团体也不得对农民合作社的名称进行侵犯。

（二）确定合作社的住所

住所是指合作社的主要经营场所，是农民合作社在登记注册过程中必填的项目，所登记的住所可以是合作社日常办公地点或生产经营过程中的重要场所，也可以是某个成员的家，但在填写注册时必须要确保该地址在登记机关辖区范围内，以便于监管，也符合相关法律法规的要求。若因合作社的发展需要，经营场所地址发生变化，则必须到登记机关及时变更，确保登记住所与实际经营场所保持一致。

三、发动农民入社

合作社想要发展离不开农民的参与和支持，只有吸纳更多农民才能增强合作社的力量，也才能扩大合作社影响力，确保合作社正常运行。想要发动农民加入合作社，势必要求发起人加强学习和宣传动员。一方面，发起人需要学习相关法律法规，特别是《农民专业合作社法》，了解法律法规中对农民合作社的规定和要求，为后续农民合作社的运行和发展奠定基础；另一方面，发起人应当加强宣传，帮助广大农民了解农民合作社创办的意义、从事的主要工作及能给农民所带来的好处，以此来调动农民参与的积极性和主动性，让农民在充分了解和认知的基础上作出更正确的决定。

四、制定农民专业合作社章程

（一）制定合作社章程的意义

农民合作社章程需要充分结合国家相关法律法规，结合国家相关政策制度，结合农民合作社的实际发展需求，由所有成员共同参与制定。制定章程是体现农民合作社自治属性的重要标志，也是推动农民合作社发展的必要流程和重要保障。首先，制定章程能够更好确保各个成员了解自身在农民合作社发展和运行过程中所应承担的责任和所享受的权利，确保各项工作都能有条可依，推动农民合作社更好发展。其次，制定农民合作社章程能够使利益相关方如政府、社会等，加强对农民合作社的监督，确保农民合作社在合法合规的情况下更好发展。最后，制定章程是确保农民合作社享受国家政策措施的重要要求。因此，必须充分重视章程制定，要尽可能优化和完善章程，以此确保农民合作社的发展。

（二）合作社章程的主要内容

按照《农民专业合作社法》的规定，农民合作社章程中应当详细阐明以下内容。

（1）农民合作社的具体名称和注册住所；（2）农民合作社的经营内容即业务范围；（3）成员进入农民合作社需具备的资格及人员变动的要求和流程；（4）农民合作社的成员在入社期间享有的权利和应当承担的义务；（5）农民合作社的组织机构及产生办法、所具有的职权、任期规定情况、议事规则；（6）出资方式、出资额；（7）农民合作社的财务状况、盈余分配方案（分配方法、分配项目等）、亏损处理；（8）农民合作社章程修改所需的具体流程；（9）农民合作社解散事由和解散时应当采取的清算办法；（10）农民合作社的公告事项和发布方式；（11）需要规定的其他事项。

（三）制定章程的注意事项

农民合作社在制定章程时可以参考《农民专业合作社示范章程》，避免出现杂乱无章、毫无头绪的情形，但同时也需充分结合自身实际，不能生搬硬套，特别要注意以下几方面内容。

（1）必须要充分遵守法律法规。章程在制定时不得与法律法规相违背，一旦与法律法规相悖则直接无效，甚至还有可能会给农民合作社的发展带来不利影响。

（2）保证民主性。农民合作社在运行过程中离不开每一个成员的努力，章程的制定是为了约束成员行为，也是为了更好地推动农民合作社的发展。因此，所制定的章程必须取得所有成员的认可，只有获得所有成员的认可才能在后续运行和发展过程中被成员自觉遵守。所以，在制定章程内容时，应当充分参考每个成员的意见和建议，确保每一项内容都能一致通过，获得所有成员的认可。

（3）内容要尽可能完善。章程的制定是确保农民合作社在运行过程中各项工作都有章可依。因此，要确保内容尽可能完善，使合作社在运行过程中避免出现推诿扯皮、权责不明的情形。但在制定内容时也需注意并非每一项内容都繁杂详尽，而是在重大事项上要确保章程内容尽可能优化和完善。同时，农民合作社在发展过程的不同阶段所面临的问题不同，章程内容也需要更新换代，要贴合时代发展潮流，结合每个阶段农民合作社所面临的问题和发展前景，不断进行优化和完善，以此提高章程的指导性。

（4）按照法律规定对章程进行制定和修改。国家相关法律法规明确规定章程制定要获得所有成员的认可，由所有成员签字盖章，必须要以书面形式落实和呈现。若需要对章程进行修改，必须召开成员大会，在大会中正式提议并由全体成员表决通过后才可对章程进行修改和完善。

（四）合作社章程的贯彻与执行

章程是农民合作社最为重要的规范性文件，对农民合作社中各个成员的权利和责任进行了明确规定，是各成员应当遵守的行为规范，也是对农民合作社未来发展的重要约束文件，是农民合作社在运营和发展过程中应当遵守的组织准则。

合作社章程往往是原则性规定，无法涵盖农民合作社在运行过程中的各方面内容。因此，需要制定专项制度对章程进行补充，对各项工作进行具体明确规定，确保各项工作更具有科学性和合理性，如成员大会议事规则、劳动人事制度、集体资产管理和使用制度等。不同规章制度对不同工作内容进行明确规定和约束，也需要严格履行制定和通过的流程，根据实际情况由成员大会或理事会研究，研究通过后再落实和执行。

需要特别明确，章程是合作社内部所制定、对合作社内部起约束作用的内部规章，不具有国家强制性，违反农民合作社章程的行为和事件，只要不违反相关法律法规，可由合作社内部处理。

五、召开农民专业合作社设立大会

（一）什么是设立大会

《农民专业合作社法》第十一条明确规定，设立农民专业合作社应当召开由全体设立人参与的设立大会，设立时自愿成为该社成员的人为设立人。

也就是说，想要成立农民合作社必须要召开设立大会，只有符合这一流程才能满足农民合作社的成立要求，也才能获得法律认可。

成员大会每一年至少需要召开一次，全体成员必须参与，是农民合作社的重要权力机构，负责对关系到农民合作社发展和各成员切身利益的事件进行讨论和表决。该法律中对成员大会的其他内容也进行了详细规定和要求。

（二）设立大会的职权

法律法规中对设立大会的法定职权进行了明确规定，其主要包含对农民合作社章程进行讨论和表决，只有通过设立大会的认可才能成为农民合作社的正式章程；对法人机关进行选举；对关系到农民合作社发展的重要事项进行讨论和审议。每个农民合作社在实际发展过程中所面临的问题不同，需要进行讨论的话题也存在差异，但不论如何，重要事项必须通过设立大会的共同讨论和决议。

（三）设立大会与成员大会的区别

设立大会和成员大会存在明显区别，两者的存在阶段不同，设立大会存在于农民合作社成立之前，是设立人所召开的会议，而成员大会则存在于农民合作社成立之后，是所有成员需参与的会议。只有先召开设立大会才能符合国家法定规程，才能确保农民合作社成立，也才能确保成员大会的召开。在农民合作社成立之后，成员大会将成为最高权力机构，对农民合作社的重要事项具有决策权。

（四）填写设立大会纪要

农民合作社设立登记应当提供设立大会纪要，由全体设立人员共同参与，各设立人需签字盖章以确认对会议纪要的认可，若设立人为单位或团体则在签字盖章环节应当盖公章。

六、办理农民专业合作社登记手续

（一）办理登记手续的步骤

1. 审查受理

（1）审查

登记人员需要对设立登记申请材料进行合法性审查，只有通过审查才能予以受理。

一是需要对材料的完整性进行审查，确保所提交的申请材料较为齐全，满足农民专业合作社登记管理条例规定的材料种类和要求。

二是要对内容进行审查。查看各项材料中的内容是否符合填写要求、是否规范，签名处是否签字，各项材料是否保持签名一致性，复印材料是否标注与原件一致并签字，重点检查合作社章程中所规定的 11 项内容，检查材料内容的完整性，检查各项材料之间的关联性，检查所有内容是否符合法律法规的要求。在审查过程中若发现问题要及时提出整改要求，对存在的重大问题如违反相关法律法规也需及时指出，只有通过审查才能予以受理。

（2）受理

对于通过审查的登记申请，审查人员应当填写《农民专业合作社设立登记审核表》，在审核表中签署通过审查的意见反馈。若审查人员选择当场登记发照则可以不填写《受理通知书》，但也应当在《农民专业合作社设立登记审核表》中明确填写当场发照情形。对于审查过程中存在问题不能予以受理的登记申请，也需出具《不予受理通知书》，在《不予受理通知书》中详细记录不能通过的原因或事项，指导申请人准备补办流程和材料。

2. 核准发照

（1）核准

核准人员需要对材料进行再次审核，对受理人的意见进行审核，结合相关法律法规，确定是否通过核准。

若所提交的材料符合相关法律法规要求，则可以当场核准登记。通过核准登记后，即可发放《营业执照》。

若所提交的材料在核准过程中发现存在问题，若能当场修改，则由核准人员指导，帮助申请人修改，修改完成后通过核准即可拿到《营业执照》。

若所提交的材料在核准过程中发现存在较大问题，且无法在短时间内修正和完善，则应当出具《不予登记通知书》，明确表示不予通过的原因和存在问题的材料，将所有材料退回给申请人，由申请人再次检查修改。

（2）发照

申请材料通过受理核准流程后，若不存在问题则可现场发放《营业执照》并需将相关材料归档整理。

（二）办理登记手续的注意事项

（1）农民合作社的成员应当是具备民事行为能力的公民或团体企事业单位，这部分人群或组织必须符合入社资格，能够自觉遵循规章制度和法律法规要求，且成员数量不得低于 5 名，农民占比不得少于 80%。同时，具有管理公共事务职能的单位不能成为农民合作社中的成员。

（2）农民合作社在通过工商部门的材料审核和核查后，即可获得营业执照，在营业执照注册日期起的 20 个工作日内必须要到相应的农村经济经营管理站备案，同时需要填报《农民专业合作经济组织统计报表》，及时上传到中国农民专业合作社网中。

第二节 合作社成员的权利、义务

一、合作社成员的权利

根据相关法律法规要求和规定，农民合作社中的成员享有以下权利。

（1）参与成员大会，具备选举和被选举权及表决权，参与合作社民主管理工作。

成员大会是农民合作社成立之后的最高决策机关，由全体成员组成，每一个成员都可参与这一会议，都可在会议上对任何事情进行决策和意见表达，没有任何一个人或组织有权利剥夺成员所具备的这项基本权利。

表决权是体现成员权利的重要举措，农民合作社是由全体成员组成，农民合作社的各项重要内容也需得到成员的认可和支持，因此每一个成员都拥有对农民合作社经营和发展过程中所遇到的重要问题进行表决的权利。

每个成员都享有选举和被选举的权利，农民合作社在运行过程中需要多个岗位，需要不同岗位的人履行自身职能，更好地推动农民合作社的运行和发展，如理事、理事长等。每一位成员都有被选举为理事或理事长的权利，也有选举他人成为理事和理事长的权利。有些农民合作社还设有成员代表大会，同样农民合作社中每个成员都有被选举为成员代表的权利，也有选举他人成为成员代表的权利。这是法律法规规定的基本权利，任何人不得剥夺。

（2）对本社服务和设施进行享用的权利。农民合作社的成立是为了服务成员，是为了帮助成员获得更多利益和发展空间。因此，农民合作社所提供的服务和所具备的相关设施都能够被每个成员所利用。

（3）决议分享盈余的权利。农民合作社的发展离不开每一个成员的努力，农民合作社的经济效益和社会效益依赖于每一位成员而获得最终成果。因此，农民合作社的盈余从根本上来讲属于每一位成员，所有成员都可通过成员大会或规章制度共同决定农民合作社盈余的分配情况。

（4）查阅各项材料或报告等的权利。如成员名册、财务会计报告、成员大会会议记录等，农民合作社是属于每一位成员的。因此，每一位成员有权利对成员大会的各项记录报告等进行查阅，这是对农民合作社进行监督的重要手段，特别是财务及经营状况，是与每一位成员息息相关的重要信息，必须要向每一位成员公开，以获得每一位成员的监督和支持。

（5）章程规定的其他权利。除了在农民专业合作社法及其他相关法律规定的权利之外，章程中也可以结合本社的实际情况制定更贴合成员发展需要和更满足农业社发展需求的权利，真正成为成员之间的利益共同体，提高成员的向心力和凝聚力。

二、合作社成员的义务

农民合作社中的每一位成员享受了法律法规和章程所制定的权利，同样也需要承担法律法规和章程所规定的义务，《农民专业合作社法》对每一位成员的义务进行了具体规定。

（1）执行成员大会等的决议。理事会、成员大会等是对农民合作社发展过程中重要事项作出讨论决议的重要途径，每一位成员都应当参与，并严格行使自身的投票权、表决权。

（2）向农民合作社出资的义务。一方面，每位成员的出资能够作为农民合作社运行和经营过程中的重要资金支持，可确保农民合作社更好地运转；另一方面，这也是农民合作社对外承担债务责任的信用担保基础。由于每个农民合作社的发展情况不同，所处地区的经济发展水平也存在差异，若通过法律法规规定成员必须出资，则不符合发展的实际情况。因此，法律法规对是否强制性出资、出资方式等没有明确规定。各农民合作社需要结合实际情况，通过章程约束，只要章程获得所有成员认可即可落地实行。

（3）与农民合作社交易的义务。成立农民合作社最重要的目的是通过农民合作社的方式帮助成员解决在生产和运营过程中无法独自解决的问题，是通过农民合作社这一形式给成员提供服务和帮助。因此，成员与农业合作社之间的交易是农民合作社成立的重要目的，也是每一个成员都应当承担的责任和履行的义务。交易方式较为多样，但交易情况应当明确规定和记录。

（4）承担亏损的义务。农民合作社在运行过程中不可能一帆风顺，会遇到较多问题和困难，特别是农民合作社也需要接受市场和社会的检验。在运营过程中会不可避免地出现亏损的情形，每一位成员都应当对亏损共同承担，这是每一个成员的义务。

（5）章程制定的其他义务。除了法律法规所规定的成员应当承担的义务外，农民合作社还可结合自身的实际情况制定成员所需承担的义务。

第三节　合作社的财务管理

一、筹措资金和管理资产

（一）筹措农民合作社资金

农民合作社的资金来源相对较为多样，主要有成员出资、国家资金扶持、本社盈余中提取的公积金等。

1. 成员出资

成员出资是合作社经营活动资金的主要来源。每一位成员都可通过货币出资，也可通过非货币资产出资，包括技术、土地承包经营权预期收益等。

2. 盈余分配计提的公积金

农民合作社可以根据实际情况通过盈余提取公积金，这部分公积金可以用于支持农民合作社的生产经营发展或弥补之前运营过程中出现的亏损问题，也可由公积金转化为成员出资额。

3. 国家扶持的资金和他人捐赠的资金

国家对农民合作社的资金支持和他人捐赠，应当平均量化到每个成员的账户，并可作为成员参与合作社可分配盈余的分配依据。捐赠有约定的，应按照约定管理。

4. 对外举债资金

经成员大会或成员代表大会决议，农民合作社也可通过对外举债和向金融机构申请贷款的方式筹集资金。这是影响农民合作社发展的重要内容，需要严格履行规定程序进行决议。

（二）管理农民合作社资产

农民专业合作社的资产包括货币资金、应收款项、存货、对外投资、农业资产、固定资产和无形资产。

1. 货币资金

货币资金按照存放地点不同可以分为现金和银行存款。

现金管理方面，合作社要严格执行国家《现金管理条例》的规定，不能使用现金支付的业务，决不能使用现金。每天的现金收支余额要与现金库存数量相符，并与经营收入比对，现金收入大于库存现金最高限额时，要及时送存银行。

银行存款管理方面，除按规定留存必要的现金外，其余货币资金都要存入银行账户。在开展经营业务活动中，除符合使用现金支付的业务外，必须通过银行存款账户存款、取款和转账结算。

2. 应收款项

应收款项的管理重点在于确保应收款项的及时性和有效性；确保每一笔应收款项的入账、调整、冲销都有据可查，并经过授权审批；确保应收款项及收款的财务记录正确完整；保证折扣、折让经过审批；完整收取各项现金收入并保证其安全。

3. 存货

合作社存货包括各种材料、燃料、包装物、种子、化肥、农药、农产品和收获后加工而得的产品等。存货管理方面，要针对存货不同特点，加强对存货的科学分类，制定合理的计价原则，建立科学的管理制度和定期盘点制度，确保存货的合理使用。

4. 对外投资

合作社要建立对外投资管理制度，明确审批人和经办人的权限、程序、责任和相关控制措施；严格考察投资项目的可行性和投资潜力；加强对外投资收益的核算，严禁设置账外账，所得收益分配到成员账户；所有对外投资项目必须经成员大会或成员代表大会决议通过，并记录存档。

5. 农业资产

农业资产主要包括动物资产和植物资产，农业资产的管理重点在于确定资产的计价原则和计价方法。

6. 固定资产

固定资产管理要重点做好以下工作：一是科学分类，明确固定资产的用途；二是按照会计制度规定的计价原则和计价方法，准确确定固定资产的价值；三是建立固定资产折旧制度，采用适当方法，按照一定期限对固定资产提取折旧费用；四是制定固定资产的验收、保管、使用和维修保养等管理制度，明确岗位责任，组织人员定期对固定资产进行清查，做到账实相符。

7. 无形资产

无形资产主要包括专利权、商标权、非专利技术等，无形资产的管理重点是资产的计价和摊销。

二、成员账户管理与盈余分配

（一）设立成员账户

合作社的成员账户是合作社经营管理中最重要的会计依据，也是合作社在财务上区别于一般经济组织的重要特征。每个合作社都应当为其每一个成员设立独立的成员账户，成员账户对合作社及其成员意义重大。

设立成员账户可以对成员与合作社之间的交易量进行核算，从而以此作为盈余分配的重要参考标准和依据。《农民专业合作社法》中明确规定，可分配余额的返还需要结合成员和合作社的交易量,返还总额不得低于可分配盈余的 60%。从上述规定中可以发现,成员能够获得的返还总额取决于与合作社的交易量,因此加强对成员与合作社交易量的核算显得至关重要,这将直接关系到每个成员的切身利益,必须成立专门的账户用于核算和登记。

成员账户可以对公积金及出资额情况进行记录,后续将成为划分经济责任的重要参考内容。《农民专业合作社法》中明确规定,每一个成员所应承担的经济责任取决于账户中的公积金及出资额。从法律法规的内容中可以分析,若农民合作社不再继续运行需要解散和清算时,每个成员需依据账户中公积金及出资额的实际情况来分担合作性债务。

成员账户是确定附加表决权的重要参考因素,相关法律中明确规定成员账户中的合作交易量或出资额相对较大的成员按照法律要求可以获得附加表决权。因此,更需要对成员账户中的各项信息详细核算。

成员账户中的相关数据是退社时财务处理的重要参考因素,相关法律中明确规定,当成员需要退出农民合作社时,应当按照账户内的公积金和出资额进行退还。因此,必须加强对成员用户的核算和数据把控,确保成员享有退入自由。

(二)编制成员账户

1. 成员账户编制格式

每个成员都有单独的成员账户,在成员账户中详细记录了每个成员和农民合作社之间的往来信息,包括交易量及按此返还的可盈余分配。此外,还包括成员的权益占本社全部成员权益的份额以及按此分配给成员的剩余可分配盈余。成员账户区别于一般的会计报表,有其独特的格式。

成员账户包含左右两个部分的内容。左侧的内容主要是成员个人的相关信息,包括入社时所出资的总额度、捐赠财产及财政补助具体量化到成员的份额和公积金份额等;右侧的内容主要是成员和农民合作社之间的往来情况,包括交易额度、按比例返还盈余情况等。

国家相关制度中对成员账户的信息和格式进行了明确规定和要求，但在农民合作社的实际运营和管理过程中不必呆板地按照参考格式执行，可以结合实际情况适当删减，设计更适合本社的成员账户格式。

2. 相关科目

成员账户中所涉及的内容相对较多，包括入社出资量、在农民合作社期间所形成的交易量、公积金份额以及按照固定比例返还的利润。因此，成员账户中涉及了股金、资本公积、盈余公积、应付盈余返还、应付剩余盈余等会计科目。这些会计科目的核算均需要按照有借必有贷，借贷必相等的原则记录，并且在记录完毕后将每个成员的情况相应登记在该成员的成员账户中。

3. 具体编制方式

（1）将上年成员出资、公积金份额、形成财产的财政补助资金量化份额、捐赠财产量化份额直接对应填入表中的"编号1"栏。

（2）"成员出资"项目，按本年成员出资计入股金的部分填列。

（3）"公积金份额"项目，按本年量化到成员个人的公积金份额填列。

（4）"形成财产的财政补助资金量化份额"，按本年国家财政直接补助形成财产量化到成员个人的份额填列。

（5）"捐赠财产量化份额"项目，按本年接受捐赠形成财产量化到成员个人的份额填列。

（6）"交易量"和"交易额"项目，按本年成员与合作社交易的情况填列。

（7）"盈余返还金额"项目，按本年根据成员与合作社交易量（额）返还给成员的可分配盈余数额填列。

（8）"剩余盈余返还金额"项目，按本年根据成员"股金"和"公积金""专项基金"份额分配给成员的剩余数额填列。

（9）年度终了，以"成员出资""公积金份额""形成财产的财政补助资金量化份额""捐赠财产量化份额"合计数汇总成员应享有的合作社公积金总额，以"盈余返还金额"和"剩余盈余返还金额"合计数汇总成员全年盈余返还总额。

（三）年终盈余分配

所谓盈余是指农民合作社在某段时间内的生产经营活动所产生的剩余，即该段时间内的收入减去该段时间内的支出所获得的净收入。盈余额度大小在一定程度上能够反映出农民合作社的运营管理水平，农民合作社本身所具有的特殊性决定了盈余从本质上讲属于全体成员，应当分配给全体成员。相关法律中也明确规定，固定时间段内所获得的盈余在提取完公积金及弥补农民合作社在运营过程中所产生的亏损后，剩余的部分可称之为可分配盈余，可具体分配至每个成员。

1. 盈余分配的要求

可分配盈余的具体分配方式由农民合作社制定和操作，可以由成员大会集中讨论表决，也可以在章程中对可分配盈余的分配方式进行具体规定：一是按照成员与所在的农民合作社之间形成的交易量比例对可分配盈余进行返还，国家相关法律法规对返还总额有明确规定和要求，按照法律法规要求不得低于可分配盈余的 60%；二是按照前项规定对可分配盈余进行返还后所剩余的部分，根据公积金份额、出资额等具体量化到每个成员按照比例分配。

盈余分配是合作社运营和管理中非常重要的部分，也是关系到每个成员切身利益的重要内容，是每个成员都非常关注的重要事项。因此，必须严格按照相关法律法规的要求及财务会计制度的具体流程，对盈余进行分配。

首先，农民合作社需要制定可分配盈余的具体分配方案。制定方案时要充分考虑相关法律法规的要求，也需考虑农民合作社的实际情况，在分配方案中应当明确写出分配项目、分配方式、分配比例，确保盈余分配工作能够顺利开展。在制定完相关方案后需上报至成员大会，由全体成员投票表决，通过表决后才可具体落地执行。要充分倾听成员意见，解答成员疑惑，确保该方案获得所有成员的认可。其次，在开展盈余分配工作之前需要做好相关准备工作，对账务财产进行清点结清，以提高盈余分配工作的开展效率和质量。

2. 盈余分配的顺序

合作社的可供分配的盈余，应按照下列顺序分配。

（1）弥补上年亏损

可分配盈余首先需要对上年亏损进行弥补，这是决定农民合作社正常运行的基础和前提，也是可分配盈余在利用过程中的第一步骤。

（2）提取盈余公积

可分配盈余在弥补完上年亏损后剩余部分可以提取盈余公积，所提取的部分资金将用于保障农民合作社的正常运行，推动生产发展，扩大经营，或为可能产生的亏损储蓄准备金。

（3）提取应付盈余返还

盈余在弥补完上年亏损及提取盈余公积后剩余的部分将返还给成员。返还比例需严格按照相关规定的具体要求，返还办法也可由成员大会集体讨论决定或通过章程进行制度要求和约束。

（4）提取应付剩余盈余返还

应付剩余盈余是指按照比例返还给成员后所剩余的部分。这部分盈余在具体分配时不再过多考虑交易量大小和比例，而是平均分配给每一个成员。相关制度和法律法规中对分配方式也有明确规定和要求，应当按照法律法规和制度的具体标准分配。

3. 盈余分配的核算举例

为了反映和监督盈余的分配情况，专业合作社应设置"盈余分配"账户，核算专业合作社当年盈余的分配（或亏损的弥补）和历年分配后的结存余额。本科目设置"各项分配"和"未分配盈余"两个二级科目。专业合作社用盈余公积弥补亏损时，借记"盈余公积"科目，贷记本科目（未分配盈余）。按规定提取公积金时，借记本科目（各项分配），贷记"盈余公积"科目。按交易量（额）向成员返还盈余时，借记本科目（各项分配），贷记"应付盈余返还"科目。按成员账户中记载的出资额和公积金份额以及本社接受国家财政直接补助和他人捐赠形成的财产平均量化到成员的份额，按比例分配剩余盈余时借记本科目（各项分配），贷记"应付剩余盈余"科目。

年终，专业合作社应将全年获得的盈余总额，自"本年盈余"科目转入本科目，借记"本年盈余"科目，贷记本科目（未分配盈余），如为净亏损，则做相反会计分录。同时，将本科目下的"各项分配"明细科目的余额转入本科目"未分配盈余"明细科目，借记本科目（未分配盈余），贷记本科目（各项分配）。年度终了，本科目的"各项分配"明细科目应无余额，"未分配盈余"明细科目的贷方余额表示未分配的盈余，借方余额表示未弥补的亏损。

三、定期公开社务

民主管理是决定合作社正常运行的重要基础，也是提高成员参与积极性和主动性的重要手段，因此必须加强社务公开，接受所有成员的监督。

（一）社务公开的主要内容

社务公开所包含的内容主要包括以下几方面。

（1）决算报告书、事业预算需公开。理事长应当主抓该部分内容，严格按照规定和章程要求，对每会计年度的数据和报告进行公示公开，接受所有成员的监督。

（2）公开运营状况。公开理事会记录、章程等，让每位成员都能了解农民合作社的运营情况，了解农民合作社的每一个重要事项，更便于监督。

（3）确保所有成员可查阅会计账簿。成员若提出查阅申请，无特殊情况不得拒绝，确保成员能够了解农民合作社的财务状况。

（4）若成员对农民合作社运行过程存在质疑或认为在运营管理中有违反章程规定或法律法规的行为，经若干成员同意，即可向相关部门反映，请求相关部门支持，派驻人员对合作社运营和具体业务进行检查。

（5）设立合作社运营评价咨询会议。它由社员代表和社外合作经济专家若干人组成，其基本职能是：评价合作社运营状况，提出完善合作社运营的

对策等。合作社理事长向理事会和大会报告该会议提出的对策，并努力加以
实施。

（二）社务公开的形式

1. 以公开栏的形式公开

在农民专业合作社的办公地点设置社务公开栏，将公开事项逐条公布，
并设置意见箱。

2. 以会议和公开信的形式公开

通过召开成员（代表）大会，发放社务公开内容资料，宣读公开内容。
合作社还需要定期印发社员公开信并公开社员应知的内容。

3. 以填写发放社员证的形式公开

设计制作融社员身份证明、股金证明、社员个人账卡、社情民意、明白
卡等于一体的社员证，适时填写发放公布，但不得取代公开栏。

（三）社务公开的时间

每季度月底应该公布基本社务，且每年需定期公开 4 次。财务公开内容
需每月公开 1 次，填发社员证公开，一般一年 1 次。此外，应当及时公开的
事项需要随时公布。

（四）社务公开的程序

第一，依照政策法规和社员的要求，监事会需根据本社的实际情况，提
出社务公开的具体方案；第二，理事会在对方案审查、补充、完善之后，需
要根据公开的内容采取多种不同形式，并安排相关部门和人员及时公布；第
三，监事会需要建立社公开档案以备查。

（五）意见反馈

每次在社务公开之后，理事会需要负责收集、听取、接受成员反映的

询问、意见和投诉，并及时予以解释和答复。理事会能够当场答复的，需要当场给予答复；不能够当场答复的，应当于 7 日内作出答复。如果半数以上的成员对于社务公开的事项不同意，那么应当坚决予以纠正，并重新公布。对反映的突出问题要组织专门人员调查、核实、纠正，并督促整改落实。

（六）监督管理

对不按规定进行社务公开的，监事会可以责令其限期公开；对弄虚作假、欺瞒成员的，应该给予有关责任人员批评教育，并责令其改正；对拒不改正或者情节严重以及有打击报复行为的，可以建议理事会按程序将有关责任人员罢免职务和除名；对社务公开中发现有挥霍、侵占、挪用、贪污合作社财物及其他违法行为的，应当及时处理，将其中构成犯罪的，移交司法机关依法处理。

第四节　创建合作社示范社的方法

一、示范社的类型

农民专业合作社示范社是民主管理好、经营规模大、服务能力强、产品质量优、社会反响好的农民专业合作社，起示范引导作用，是合作社发展历程中的标杆先锋，是合作社队伍中的排头兵，也是国家重点扶持的对象。示范社的类型有不同的划分方法。

（一）按照业务范围划分

1. 种植业合作社示范社

其主要包括粮食、蔬菜、水果、油料、棉花、种业、茶叶、中药材等生产和加工的合作社。

2. 畜牧业合作社示范社

其主要包括生猪、肉羊、肉牛、奶牛、蛋鸡、肉鸡等养殖及其加工的合作社。

3. 水产合作社示范社

其包括淡水养殖及其加工合作社。

4. 林业合作社示范社

即指依托林业资源开发而发展的合作社，主要有干果、花卉、苗木生产服务合作社。

5. 农机合作社示范社

即指为农业生产经营提供农机专业服务的合作社。

（二）按照等级划分

（1）县级示范社、市级示范社、省级示范社、国家级示范社。

（2）部分地区将示范社等级划分为 A 级、AA 级、AAA 级三个等级，以 AAA 级为最高等级。

（3）个别地区结合当地划分示范社等级为示范社、规范社、先进合作社等。

二、申报示范社

（一）示范社创建标准

《农民专业合作社示范社创建标准（试行）》中对合作社示范社的创建标准进行了详细规定。

1. 民主管理好

（1）根据相关法律法规，履行登记设立程序，依法依规获得营业执照，登记注册满两年，具备齐全的税务登记证、组织机构代码证，具备固定的银行账号和办公场所。

（2）严格按照相关法律法规要求，制定符合本社发展实际的章程，章程得到有效落实和执行。有相对完善的内部制度，如社务公开制度等，对各项工作有明确规定和要求，使工作更具有科学性和合理性。

（3）按照法律规定每年至少召开一次成员大会，所有成员全部参与，对重大事项进行表决，有书面会议纪要，所有成员均签字确认，各项工作均得到民主决策和管理。

（4）民主管理。成员大会中采取单人单票制，每人拥有一票，可以对大会中所讨论的内容进行投票表决，采取附加表决权的农民合作社，附加表决权不超过总表决权的20%，切实保障每一位成员享用自己的表决权利，真正做到民主管理。

（5）民主监督。成立监督机构，投票选举监督人员或监事会成员，对农民合作社的各项工作实施监督管理，对各项工作及时公开，发挥每位成员的监督作用。

（6）会计管理严明。配备专门的会计人员，具备会计资格证书，对农民合作社运营过程中的账簿、报表等进行设置和管理，也可委托给第三方代为核算记账。理事会等重要部门负责人及其亲属不能担任会计人员，避免滋生腐败。

（7）设立成员账户。对成员与农民合作社的交易情况、出资额、公积金等进行详细记录。若提取公积金需要严格按照相关法律法规及章程的具体要求，将该部分提取公积金量转化为份额纳入成员账户中。

（8）可分配盈余按法律法规和章程规定，以比例形式返还，返还总额不得少于60%。

（9）每年需要对年度运营管理状况进行总结，形成书面报告，如财务分析报告、年度业务报告等，及时公示，接受所有成员监督，解答所有成员存有的疑虑。由监事会或外部审计机构对农民合作社年度财务状况进行审计，及时公开审计结果。接受政府相关部门对农民合作社的监督和指导。

2. 经营规模大

（1）农民合作社的主要产业应当是本区域内的特色产业或主导产业，能够展示区域特色。经营规模也当符合要求，不得低于本省农民合作社的平均水平。

（2）若为农机专业合作社，则农机具装备数量要符合要求，不得低于 20 台套，年作业服务面积要符合标准，不得低于 1.5 万亩。

3. 服务能力强

（1）农民合作社成员数量应当达到基本要求，不得低于本省平均水平，种养业合作社成员数量更应当符合标准，不得低于 150 人。控制农民与其他企事业团体的比例，农民不得少于 80%，企事业单位或团体不得高于 5%。

（2）成员生产经营要符合高度统一性，统一购买生产资料率不得低于 80%，统一销售产品率不得低于 80%，标准化生产率达到 100%。

（3）平衡好与成员和非成员之间的交易比例，体现农民合作社的创建初心，与成员之间的交易量必须高于整年度的 50%。

（4）适当拓宽销售渠道，若主要经营农产品销售应当积极参与各平台、各项目，如农校对接等，也可与城镇销售平台搭建合作渠道，提高产品销售率。

4. 产品质量优

（1）食用农产品生产要符合法律法规要求，要建立生产记录台账，对生产情况进行全面记录，最大程度保障生产质量。

（2）食用农产品生产应获得有机农产品、无公害产品等认证，确保食用农产品质量，拥有注册商标。

5. 社会反响好

（1）农业合作社要在社会中具有良好声誉，在运营管理过程中未出现产品质量问题，未被媒体等批评揭露，生产过程中未出现安全事故和隐患。

（2）成员收入有较大提高，高于本县平均水平的 30%。

（二）示范社的申报程序

从 2006 年开始，各地农业部门因地制宜，广泛开展多种形式的农民专业合作社示范社建设。在示范社的申报过程中，各地农业部门以《农民专业合作社示范社创建标准（试行）》为参考依据，大多采取由农民专业合作社提交申报材料，然后由县、市、省等主管部门组织专家评审，最后确定示范社名单的申报方式。

三、申报国家示范社

（一）国家示范社申报标准

国家农民专业合作社示范社是指按照《农民专业合作社法》《农民专业合作社登记管理条例》等法律法规规定成立，达到规定标准，并经全国农民合作社发展部际联席会议评定的农民专业合作社。

申报国家示范社的农民合作社原则上应是省级示范社，符合《国家农民专业合作社示范社评定及监测暂行办法》（农经发〔2013〕10 号）的要求。具体标准如下。

1. 依法登记设立

（1）按照《农民专业合作社法》登记设立，农民合作社自成立以来已运行超过两年。其间发生事项变更能及时按照相关法律法规的要求办理。

（2）税务登记证、组织机构代码证齐全。有固定的银行账号和办公场所。

（3）严格按照相关法律法规和国家出台的规章制度，结合农民合作社的实际情况，制定切实可操作的章程。

2. 实行民主管理

（1）机构健全职责分明。具备理事会、成员大会等决策机构，各机构所负责的内容相对较为明确，能够高效运转，共同完成合作社管理工作。

（2）各项制度健全。建立健全了社务公开、财务管理等相关制度，有明确的制度内容和流程，能够严格贯彻执行，确保各项工作切实有效开展。

（3）严格执行成员大会制度。每年至少召开一次成员大会，在会议中详细决议重要内容或重大事项，所有出席人员行使自身权利，会后有详细的会议纪要，所有出席人员皆在会议纪要中签字确认。

（4）采取单人单票选举制度，保障个人的选举权利，附加表决权的票数不超过总票数的 20%。

3. 财务管理规范

（1）会计工作清晰有效。设置专门的会计工作人员，配备资格证书，负责会计报表和账簿编制。或委托第三方对农民合作社会计工作进行处理。监督人员不得兼任财会人员。

（2）设置成员账户。详细记录与农民合作社的交易量、出资额等相关数据。

（3）可分配盈余按照与农民合作社的交易量比例返还，返还总额必须超过可分配盈余的 60%。股份合作社应当按照股份比例对盈余进行分配。

（4）开展年度总结，撰写相关报告。报告材料包括盈余分配方案、年度业务报告等，并将相关报告材料公示公开，所有成员均可查阅，解答成员的疑问和困惑，接受成员监督。

（5）做好审计工作。由监事会或第三方机构对农民合作社的财务状况进行审计，审计结果需要在成员大会中宣告，接受所有成员的监督和质询。

（6）建立项目资产管理制度。将国家财政补贴的财产部分平均量化到每一个成员账户中。

（7）按照相关法律规定每年定期向有关部门报送会计报表，接受相关部门监督。

4. 经济实力较强

（1）成员出资总额需达到一定规模，要超过 100 万元。

（2）固定资产需达到一定规模，固定资产的整体规模需根据经济发展区域划分，东部地区经济发展水平相对较高，固定资产量需达到 200 万元以上；

中部地区发展处于中等水平，固定资产需达到 100 万元以上；西部地区地理位置相对偏僻，经济发展水平相对较低，固定资产总额需超过 50 万元。

（3）年经营收入也需达到一定标准，根据不同区域经济状况划分，东部经济发达地区年经营收入需超过 500 万元；中部经济发展相对较为平稳，年经营收入应超过 300 万元；西部经济发展相对较慢，年经营收入需超过 150 万元。

（4）生产含林产品在内的鲜活农产品的农民合作社，需要积极拓宽销售渠道，参与农校对接、农超对接等活动。

（5）运营管理中积极应用现代技术，包括财务管理等环节，提高工作效率。

5. 服务成效明显

（1）对社内成员提供良好服务，彰显农民合作社的成立初衷，提高对成员的服务效率。

（2）社内成员数量应达到一定规模，不得低于本省平均水平。种养业合作社成员数量更需达到固定标准，需超过 100 人，特色种养业可以适当放宽标准，对成员数量不予严格限制和要求。农民与非农民成员的比例控制良好，企事业单位团体占比不得超过 5%，农民占比不得低于 80%。

（3）实现统一管理。统一购买生产资料率应超过 80%，统一销售产品或统一提供服务率应超过 80%，注重推广新技术和原理。

（4）经济效益良好，成员收入颇丰，要高于本县未加入农民合作社的人员收入的 30%。

6. 产品（服务）质量安全

（1）标准化水平高。生产技术先进性强，有明确的操作流程和技术规范，生产、流通等环节有详细的记录，建立了相关制度，确保产品可追溯。

（2）产品科技含量及整体质量在同行业中处于领先地位，产品拥有质量标准认证，且农业合作社拥有注册商标（不从事农产品生产加工的农民合作社则不需具备该条件和要求）。

7. 社会声誉良好

（1）在当地有较好的风评和影响力，整体风气较好，树立了良好的农民合作社形象。

（2）在农民合作社运营过程中未出现过安全事故，也不存在较大的安全风险，更未出现被媒体揭露或被行业批评等负面问题，农民合作社的信用良好，无不良记录。

对于从事植保、农资等方面的农民合作社，可以适当放宽标准。评定国家示范农民合作社应更侧重于提供植保、农资等服务或重要农产品生产经营类的农民合作社，向承担公益林保护等具有重要社会意义、任务较重的农民合作社倾斜。

（二）国家示范社的申报流程

（1）书面申请。农民合作社需向县级业务主管部门或行政主管部门提交申请材料，书面申请评选国家示范社。

（2）县级行政主管部门应当联合其他相关部门共同加强对申报材料的审查，确保申报材料的真实性。同时需要发函给工商、财政等部门，了解各部门对该农民合作社申报国家示范社的意见建议，经部门复核后，若符合标准通过审查，即可推荐至省级农业行政主管部门，并在同级业务主管部门申报备案。

（3）省级行政主管部门综合征求工商、财政、发改等各部门的意见，若全部同意则报告专家评审，专家需结合国家示范社的评定标准和具体要求以及农民合作社的实际情况，选择推荐名单，及时在官方渠道和平台上公示，公示期间接受所有群众的监督和举报。若公示期无异议则可推荐至全国联席会议办公室，同时上报相关材料，由全国联席会议办公室审核。

（三）国家示范社的评定

国家示范社每两年举办一次，评定一批符合标准的国家示范社。在评定过程中所遵循的程序具体如下。

（1）工作组需结合各省业务主管部门及行政主管部门意见，对所收集到的申请材料进行审核查验，结合评定指标和条件选出候选名单，并根据材料具体情况确定复核意见。

（2）工作组将材料及意见情况上报至全国联席会议办公室，全国联席会议办公室将结合实际情况撰写工作报告，上交至全国联席会议，由全国联席会议对申报材料进行审核和判定。

（3）全国联席会议通过审核确定好最终名单后，在专门的渠道和平台上公示，严格落实公示制度，明确公示期限、意见反馈渠道。在公示期内未收到反对意见，即通过审核，给予国家示范社的荣誉称号。在公示期内若收到反对意见，则责令地方行政主管部门牵头处理和核实，根据调查情况提出针对性的处理意见。

（4）通过审核获得荣誉称号的农民合作社，由国家发改委、农业部、国家市场监管总局等单位联合发文公布获得荣誉称号的农民合作社名单。

（5）全国联席会议办公室对每届获得这一荣誉称号的名单整理汇总成名单名录。

（四）国家示范社的监测

获得国家示范社这一荣誉称号的农民合作社每两年需接受相关部门的监测，具体操作如下。

（1）全国联席会议办公室负责制定监测方案，明确监测内容，明确评价指标，上报至全国联席会议，经会议审核和讨论后，正式践行监测方案，对国家示范社名单名录中的所有主体进行监测评价。

（2）被监测的示范社需要在5月20日前上报相关材料，具体包括示范社成员产品交易、成员增收等相关材料，以及国家示范社所获得的金融扶持、税费减免等情况，上交至相关部门接受相关部门对材料和农业合作社运行情况的评价和分析。

（3）县级农业行政主管部门和与之相关的其他部门应当对所收集到的材料进行核查，确保材料中相关数据的真实性和可靠性。通过审查后即可经市级相关部门转送至省级相关部门。省级主管部门组织审核活动，邀请相关专家及部门工作人员对材料进行专业性分析和审核，根据材料实际情况提出指导性意见，并将意见汇总，最终形成书面报告上报至全国联席会议办公室。

（4）全国联席会议办公室牵头，组织专家成立审核组，对所收集到的监测结果和相关材料进行复核，提出最终意见。

（5）全国联席会议办公室对最终意见进行汇总分析，形成书面报告上交至全国联席会议，由全国联席会议进行最终审核和判断。

参考文献

[1] 肖建中. 新型农业经营主体培育下农村金融产权制度创新研究论文集 [M]. 北京：中国经济出版社，2018.

[2] 孙树志. 自力之路培育新型农业规模经营主体 [M]. 北京：中国民主法制出版社，2016.

[3] 张晋华，刘西川. 新型农业经营主体融资机制研究 [M]. 北京：经济科学出版社，2018.

[4] 廖长峰，刘志慧，沈超群. 新型农业经营主体金融支持体系研究 [M]. 成都：西南财经大学出版社，2022.

[5] 赵冰. 农业经营主体创建与发展 [M]. 北京：中国农业科学技术出版社，2017.

[6] 许恒周. 农地确权、农地流转与新型农业经营主体培育研究 [M]. 北京：经济科学出版社，2019.

[7] 朱萌，沈祥成. 新型农业经营主体农业技术采用行为研究 [M]. 北京：社会科学文献出版社，2018.

[8] 张跃强. 政府对新型农业经营主体的支持政策研究 [M]. 北京：经济科学出版社，2018.

[9] 张亮，李逸波，周瑾. 新型农业经营主体与新型职业农民"两新融合"机制研究 [M]. 北京：中国财政经济出版社，2020.

[10] 田剑英. 乡村振兴战略背景下新型农业经营主体的金融支持 [M]. 北京：中国财政经济出版社，2019.

[11] 杜志雄. 农业农村现代化：内涵辨析、问题挑战与实现路径 [J]. 南京农业大学学报（社会科学版），2021，21（5）：1-10.

[12] 徐晓鹏. 小农户与新型农业经营主体的耦合——基于中国六省六村的实证研究 [J]. 南京农业大学学报（社会科学版），2020，20（1）：62-68.

[13] 洪银兴，王荣. 农地“三权分置”背景下的土地流转研究 [J]. 管理世界，2019，35（10）：113-119，220.

[14] 孔祥智. 农业供给侧结构性改革的基本内涵与政策建议 [J]. 改革，2016（2）：104-115.

[15] 汪发元. 中外新型农业经营主体发展现状比较及政策建议 [J]. 农业经济问题，2014，35（10）：26-32，110.

[16] 王春来. 发展家庭农场的三个关键问题探讨 [J]. 农业经济问题，2014，35（1）：43-48.

[17] 钱克明，彭廷军. 关于现代农业经营主体的调研报告 [J]. 农业经济问题，2013，34（6）：4-7，110.

[18] 楼栋，孔祥智. 新型农业经营主体的多维发展形式和现实观照 [J]. 改革，2013（2）：65-77.

[19] 张照新，赵海. 新型农业经营主体的困境摆脱及其体制机制创新 [J]. 改革，2013（2）：78-87.

[20] 黄祖辉，俞宁. 新型农业经营主体：现状、约束与发展思路——以浙江省为例的分析 [J]. 中国农村经济，2010（10）：16-26，56.

[21] 吕丹. 新型农业经营主体电子商务采纳及其增收效应研究 [D]. 武汉：华中农业大学，2020.

[22] 蒋例利. 新型农业经营主体供给型融资约束形成机理及其破解研究 [D]. 重庆：西南大学，2017.

[23] 黄可权. 新型农业经营主体金融服务体系创新研究 [D]. 哈尔滨：东北农业大学，2017.

[24] 任玉霜. 基于新型农业经营主体的职业农民培育研究 [D]. 长春：东

北师范大学，2016.

[25] 幸家刚. 新型农业经营主体农产品质量安全认证行为研究［D］. 杭州：
浙江大学，2016.

[26] 董欢. 农业经营主体分化视角下农机作业服务的发展研究［D］. 北京：
中国农业大学，2016.

[27] 汪艳涛. 农户分化背景下新型农业经营主体培育机制研究［D］. 青岛：
中国海洋大学，2015.

[28] 王贻术. 我国家庭农场发展研究［D］. 福州：福建师范大学，2015.

[29] 乔立娟. 蔬菜产业生产经营主体风险管理研究［D］. 保定：河北农业
大学，2014.

[30] 冯高强. 安徽省新型农业经营主体培育研究［D］. 合肥：安徽农业大
学，2013.